Fabian Pasalk

W0068317

111 Orte
im Ruhrgebiet,
die man gesehen
haben muss

emons:

Für Fine aus Ückendorf

Bibliografische Information der Deutschen Bibliothek
Die Deutsche Bibliothek verzeichnet diese Publikation in der
Deutschen Nationalbibliografie; detaillierte bibliografische
Daten sind im Internet über http://dnb.d-nb.de abrufbar.

© Hermann-Josef Emons Verlag
Alle Rechte vorbehalten
Gestaltung: Eva Kraskes, nach einem Konzept
von Lübbeke | Naumann | Thoben
Kartografie: Regine Spohner

Druck und Bindung: B.O.S.S Druck und Medien GmbH, Goch
Printed in Germany 2011
ISBN 978-3-89705-814-9
Originalausgabe

Unser Newsletter informiert Sie
regelmäßig über Neues von emons:
Kostenlos bestellen unter
www.emons-verlag.de

Vorwort

Jeder kennt die Zeche Zollverein in Essen oder den Gasometer in Oberhausen. Aber kennen Sie auch das Krankenhaus für Tauben? Oder wissen Sie, wo man unter einem Stahlwerk durchspazieren kann? Dieses Buch wagt einen Blick hinter die bekannten Kulissen, auf neue, spannende, unbekannte, ja manchmal sogar skurrile Orte.

Was macht zum Beispiel ein echter Voodooaltar in Essen? Oder wo feierten die Ruhrgebiethippies ihr eigenes Woodstock? Wieso steht ein riesiges Indianerzelt in Dortmund? Wo findet man ein kleines Königreich mitten im Ruhrgebiet? Was meint die Juristerei wohl mit SchlMonAufhG? Was brachte Bochumer Studenten in den 1970er Jahren dazu, trotz einer Miete von nur einer Mark ihre eigenen Häuser zu besetzen? Wo gab es Bürger, die ihre Steuern in Form von Kerzenwachs leisteten?

Auf all diese Fragen findet dieses Buch Antworten und bietet 111 ungewöhnliche Facetten einer Region, die kulturell viel zu bieten hat. Doch auch bekannte Industriedenkmäler werden aus einem neuen Blickwinkel betrachtet. Hier erfahren Sie, warum noch immer eine Schachtglocke über der längst stillgelegten Zeche Minister Stein erklingt und was die Haute Volaute während des Krieges in der Halde Zollverein I/II verbarg.

111 spannende Entdeckungen – sie alle haben die Region mitgeprägt und tragen dazu bei, dass sie so l(i)ebenswert ist. Ich wünsche Ihnen viel Spaß bei der Neuentdeckung des Ruhrgebiets.

Glück auf.

111 Orte

1___ Die Marina Rünthe | Bergkamen-Rünthe
Sportbootzentrum im alten Kohlehafen | 10

2___ Der unterirdische Flughafen | Bergkamen-Stadtmitte
Das Tor zur Welt liegt unter Tage | 12

3___ Altes Brauhaus Rietkötter | Bochum-Stadtmitte
Traditionsreicher Bierausschank im alten Gerberviertel | 14

4___ Am Rübenkamp | Bochum-Hordel
Zu klein für eine Zechensiedlung | 16

5___ Das Bochumer Rathaus | Bochum-Stadtmitte
Neorenaissance, gewichtige Glocken und Brunnen | 18

6___ Der englische Kohlenweg | Bochum-Dahlhausen
Die vergessene Bahntrasse als Radwanderweg | 20

7___ Die Haltestelle Rathaus (Süd) | Bochum-Stadtmitte
Prämierte Untertagearchitektur | 22

8___ Der Ice Cube | Bochum-Ehrenfeld
Ein Eisblock versorgt Bochum mit Trinkwasser | 24

9___ Der Katholikentagsbahnhof | Bochum-Stadtmitte
Ein Haltepunkt für christliche Pilger | 26

10___ Das Kuhhirtendenkmal | Bochum-Stadtmitte
Ein Dorf gedenkt seines Hirten | 28

11___ Die Ökokleingartenanlage | Bochum-Wattenscheid
Zurück zum ökologischen Ursprung des Kleingärtnertums | 30

12___ Das Polenviertel | Bochum-Stadtmitte
Schimanskis Ahnen und ihr polnisches Zentrum | 32

13___ Die Ruhr-Universität | Bochum-Querenburg
»Guernica« und andere Kunstschätze | 34

14___ Die neue Synagoge | Bochum-Stadtmitte
Jüdischer Backsteinexpressionismus aus israelischem Naturstein | 36

15___ Das Thealozzi | Bochum-Stahlhausen
Das kulturelle Überbleibsel des Heusnerviertels | 38

16___ Die Zeche Knirps | Bochum-Hordel
Ein Bergwerk in Kinderhänden | 40

17___ Der Gesundheitspark Quellenbusch | Bottrop-Vonderort
Die Kuranlage mit Gesundheitspyramide | 42

18___ Der Köllnische Wald | Bottrop-Fuhlenbrock
Ein Stückchen Urwald im Ruhrgebiet | 44

19 ____ Das Quadrat Bottrop | Bottrop-Fuhlenbrock
Viergeteiltes Museumszentrum mit Skulpturenpark | 46

20 ____ Der Europaplatz | Castrop-Rauxel-Stadtmitte
Die Sprungschanzen der Europastadt | 48

21 ____ Die Naturhindernisbahn | Castrop-Rauxel-Schwerin
Rasanter Pferdesport von der Insel | 50

22 ____ Das Dattelner Meer | Datteln
Ein Rangierbecken für dicke Kähne | 52

23 ____ Die Freiheit Horneburg | Datteln-Horneburg
Die Alte Freiheit und das Tuens Hüsken | 54

24 ____ Die Mühlensammlung | Dinslaken-Hiesfeld
Eine Wassermühle beherbergt Windmühlen | 56

25 ____ Die Lippefähre | Dorsten-Holsterhausen
Übersetzen mit Hand anlegen | 58

26 ____ Das akustische Denkmal | Dortmund-Eving | 60
Die Zeche Minister Stein und die »neue Evinger Mitte«

27 ____ Das Besucherbergwerk Graf Wittekind | Dortmund-Syburg
Auf allen vieren durchs Bergwerk | 62

28 ____ Das Big Tipi | Dortmund-Innenstadt-Nord
Das größte Indianerzelt der Welt | 64

29 ____ Das Dortmunder U | Dortmund-Innenstadt-West
Von der Bierbrauerkunst zum Ostwallmuseum | 66

30 ____ Das Goldene Wunder | Dortmund-Innenstadt
Eine eigene Klimazone für das Antwerpener Flügelretabel | 68

31 ____ Der Kanalhafen | Dortmund-Innenstadt-Nord
Das Hafenamt als Aushängeschild | 70

32 ____ Die Oldtimersammlung | Dortmund-Wellinghofen
Automobilmuseum und »schönste Garage der Welt« | 72

33 ____ Der Phoenix-See | Dortmund-Hörde
Wie der Phönix aus der Asche | 74

34 ____ Die Schwebebahn | Dortmund-Barop
Führerlos durch die Lüfte Dortmunds | 76

35 ____ Das Bienenmuseum | Duisburg-Rumeln-Kaldenhausen
Schwärmerei für Schwarmtiere | 78

36 ____ Das Dichterviertel | Duisburg-Obermarxloh
Ein rotes Viertel kämpft gegen sein Image | 80

37 ____ Die Five Boats | Duisburg-Kasslerfeld
Der Innenhafen als Trockendock außergewöhnlicher Architektur | 82

38 ____ Der Garten der Erinnerung | Duisburg-Altstadt
Eine Rückblende in alte Getreidezeiten | 84

39___ Der Hebeturm | Duisburg-Homberg
Das monumentale Relikt des einstigen Trajekts | 86

40___ Die Liebfrauenkirche | Duisburg-Stadtmitte
Gefaltete Fensterfronten aus dem Vatikan-Pavillon | 88

41___ Der Matena-Tunnel | Duisburg-Bruckhausen
Das marode Bindeglied zum Alsumer Berg | 90

42___ Der Mercatorbrunnen | Duisburg-Altstadt
Gerhard de Kremer und sein nautisches Andenken | 92

43___ Der Museumsdampfer | Duisburg-Ruhrort
Einst versenkt – nun der Letzte seiner Art | 94

44___ Der Spaghettiknoten | Duisburg-Werthacker
Sonore Idylle zwischen Flüsterasphalt | 96

45___ Der Tauchgasometer | Duisburg-Meiderich
Künstliche Unterwasserwelt in alter Industrieanlage | 98

46___ Das Tausendfensterhaus | Duisburg-Ruhrort
Ehemaliges Finanzamt mit viel Durchblick | 100

47___ Die Kluterthöhle | Ennepetal-Milspe
Die Wiege der Speläotherapie | 102

48___ Der Krenzer Hammer | Ennepetal-Rüggeberg
Ein schmiedendes Familienunternehmen | 104

49___ Die Dubois-Arena | Essen-Borbeck
Max Schmeling, Frank Zappa und die Hippies | 106

50___ Die Freiheit | Essen-Stadtmitte
Der »Krupp'sche Friedhof« und der Ruhrschnellweg | 108

51___ Die Halde Zollverein I/II | Essen-Stoppenberg
Der Hügel im Schatten des Weltkulturerbes | 110

52___ Der Jahrhundertbrunnen | Essen-Stadtmitte
Die Stadt gedenkt ihres Stifts | 112

53___ Das Königreich Beisen | Essen-Katernberg
Ein Stadtteil erklärt sich autark | 114

54___ Die Korte Klippe | Essen-Heisingen
Der romantische Aussichtspunkt über dem Baldeneysee | 116

55___ Das Kulissenhaus | Essen-Stadtmitte
Unbekanntes hinter dem Grillotheater | 118

56___ Der Park der fünf Hügel | Essen-Westviertel
Der Krupp-Park und das Tiegelgussdenkmal | 120

57___ Der Pastoratsberg | Essen-Werden
Fränkische Wallanlagen und ein jüdischer Friedhof | 122

58___ Das Schaustellermuseum | Essen-Stadtmitte
Konservierte Kirmes und Raritätenkabinett | 124

59___ Soul of Africa | Essen-Rüttenscheid
Europas Zentrum der weißen Magie | 126

60___ Die Speakers' Corner 2.0 | Essen-Stadtmitte
Eine Rednerecke für Vorlaute und Rhetoriker | 128

61___ Das Stadion am Lindenbruch | Essen-Katernberg
Heinz Kubsch und der »Helmut-Rahn-Zaun« | 130

62___ Die Taubenklinik | Essen-Katernberg
Ein Krankenhaus für die Tiere vom Schlag | 132

63___ Die Kettenschmiede | Fröndenberg
Das Schmiedemuseum und der Landschaftspark | 134

64___ Der alte Flughafen | Gelsenkirchen-Feldmark
Die heutige Trabrennbahn und das Gut Nienhausen | 136

65___ Das Amphitheater | Gelsenkirchen-Horst
Eine moderne Arena mitten im Rhein-Herne-Kanal | 138

66___ Die Glückauf-Kampfbahn | Gelsenkirchen-Schalke
Die Zeche Consolidation und ihre Knappen | 140

67___ Die Heilig-Kreuz-Kirche | Gelsenkirchen-Ückendorf
Eine Bergmannskirche mit ungewisser Zukunft | 142

68___ Die Künstlersiedlung | Gelsenkirchen-Ückendorf
Ein altes Bauernanwesen wird neues »Bauhaus« | 144

69___ Das Musiktheater im Revier | Gelsenkirchen-Altstadt
Ein architektonisches Kunstwerk und sein theatrales Spiel | 146

70___ Der Solarbunker | Gelsenkirchen-Bulmke-Hüllen
Der Schalker Verein und seine Massivbauweise | 148

71___ Die Windhundrennbahn | Gelsenkirchen-Resse
Eine Rennbahn für windschnittige Vierbeiner | 150

72___ Am Stirnband | Hagen-Ernst
Villa Cuno, der Hohenhof und die Künstlerkolonie Hohenhagen | 152

73___ Das Planetenmodell | Hagen
Unser Sonnensystem im Mikrokosmos Ruhrgebiet | 154

74___ Der Feuerwachturm | Haltern Am See-Flaesheim
Der dreibeinige Herrscher der Haard | 156

75___ Der Silbersee | Haltern Am See-Sythen
Ein Baggerloch mit wertvollen Schätzen | 158

76___ Der Hindutempel | Hamm-Uentrop
Ein tamilischer Großtempel mitten im Ruhrgebiet | 160

77___ Das FEUER.WEHRK | Hattingen-Welper
An der Henrichshütte springt der Funke über | 162

78___ Die Wachszinshäuser | Hattingen-Altstadt
… und ihre historische Altstadt | 164

79___ Das Minihotel | Herdecke-Stadtmitte
Das Kleinstdomizil und sein Bachviertel | 166

80___ Die Vögler Villa | Herdecke-Ostende
Ein amerikanischer Landsitz im französischen Barock | 168

81___ Der Gysenbergpark | Herne-Sodingen
Der Revierpark und die Hügelgräber | 170

82___ Die Hühnerleiter | Herne-Wanne
Die Zechensiedlung ohne offiziellen Namen | 172

83___ Der Kunstwald | Herne-Börnig
Die Zeche Teutoburgia als Objektlandschaft | 174

84___ Das Burgenland | Herten-Stadtmitte
Die Kunstachse und der Schlosspark | 176

85___ Die Halde Hoheward | Herten-Süd
Ein astronomischer Exkurs in luftiger Höhe | 178

86___ Das Spargeldorf | Herten-Scherlebeck
Spargelsilvester in Scherlebeck | 180

87___ Die Emscherquelle | Holzwickede
Der Beginn einer Köttelbecke | 182

88___ Das Haus Opherdicke | Holzwickede-Opherdicke
Das Schloss am Handelsweg | 184

89___ Die Fünf-Bogen-Brücke | Kamen
Die Bundesbahn fährt über altes Gemäuer | 186

90___ Die Discgolf-Anlage | Lünen-Horstmar
Gekonnt »einlochen« im Lüner Seepark | 188

91___ Die Persiluhr | Lünen-Stadtmitte
Eine Straßenlaterne als moderne Werbefläche | 190

92___ Die Hügelhäuser | Marl-Drewer
Avantgardistische Sozialbauexperimente | 192

93___ Die Grubenlampe | Moers-Meerbeck
… und ihre Halde Rheinpreußen | 194

94___ Die alte Dreherei | Mülheim-Speldorf
Der hölzerne Dachstuhl im Ausbesserungswerk | 196

95___ Der Leinpfad | Mülheim-Stadtmitte
Die rückwärts fließende Ruhr und der alte Pferdeweg | 198

96___ Das Solbad Raffelberg | Mülheim-Speldorf
»Dem Kranken zur Heilung, dem Gesunden zum Vergnügen« | 200

97___ Die Straße der Millionäre | Mülheim-Stadtmitte
Die Villa Josef Thyssen und repräsentative Herrenhäuser | 202

98___ Der Elpenbach | Oberhausen-Klosterhardt
Die wässrige »Wiege der Ruhrindustrie« | 204

99___ Die Miniaturwelt | Oberhausen-Neue Mitte
Mehr als nur Modellbahn – gelebte Geschichte | 206

100___ Der Museumsbahnsteig | Oberhausen-Altstadt-Mitte
Reger Verkehr trotz ruhender Züge | 208

101___ Der Trendsportpark | Oberhausen-Neue Mitte
Eishockey, Skaten und Klettern in trauter Eintracht | 210

102___ Das Trainingsbergwerk | Recklinghausen-Hochlarmark
Vom »Klärchen« zum modernen Ausbildungszentrum | 212

103___ Die Fossa Eugenia | Rheinberg-Stadtmitte
Der vergessene Rhein-Maas-Kanal | 214

104___ Der TerraZoo | Rheinberg-Winterswick
Reptilienhaus mit Schlangenzucht | 216

105___ Die Ruhrflutbrücke | Schwerte-Ergste
Eine scheinbar nutzlose Brücke ganz allein auf weiter Flur | 218

106___ Der Industriepark | Sprockhövel-Niedersprockhövel
Altes Bergbaugerät und »die Wiege des Ruhrbergbaus« | 220

107___ Die Camera Obscura | Unna-Stadtmitte
Das Lichtkunstzentrum und die Fibonacci-Reihe | 222

108___ Der Circus Travados | Unna-Königsborn
Ein Festzeltzirkus mit fantastischen Shows | 224

109___ Die Provinzialstraße | Waltrop-Westhof
Kuriositäten an der »alten Schachtschleuse« | 226

110___ Der Diersfordter Eiskeller | Wesel-Diersfordt
Schloss Diersfordt und sein Kühlraum | 228

111___ Burg Hardenstein | Witten-Herbede
Der Zwergenkönig und die Hardenstein'sche Geldnot | 230

1 Die Marina Rünthe

Sportbootzentrum im alten Kohlehafen

Urlaubsstimmung im Ruhrgebiet. Maritimes Flair mitten in Bergkamen. Der größte Sportboothafen Nordrhein-Westfalens liegt idyllisch am Datteln-Hamm-Kanal und bietet beste Voraussetzungen für entspannte Ferien im und am Wasser.

Doch so friedlich und ruhig ging es hier nicht immer zu. Einst wurden hier Kohlen, Mineralöle und Baustoffe verschifft. Der ehemalige Verladehafen der ältesten Zeche nördlich der Lippe, der Zeche Werne, betrieb seit 1939 regen Handel mit den Exportstoffen des Bergbaus. Doch nachdem 1975 die Zeche geschlossen wurde, verfielen auch die Umschlageplätze, Hafenbecken und Kais des Rünthener Hafens. Die Industriebrache direkt am Wasser wurde 1995 schließlich von der Stadt Bergkamen übernommen und wieder einem sinnvollen Nutzen zugeführt.

Heute erstrahlt die Marina in einem modernen Glanz – ihre Jachten sind begehrtes Ausflugsziel am Datteln-Hamm-Kanal. Wo sich vor Jahrzehnten noch Kohlehalden türmten, führt heute eine Promenade zwischen gehobener Gastronomie und malerischen Cafés vorbei an den circa 300 Luxusbooten. Nachts wird der Boulevard durch pulsierende Laternen im Rahmen des Lichtkunstobjekts »PulsLicht« in ein stimmungsvolles Lichtspiel getaucht.

Das westfälische Sportbootzentrum beheimatet neben seinen Traumjachten Rundfahrtschiffe, Bootsfahrschulen, Leihschiffe für jedermann und als besonderen Höhepunkt das Bistro auf dem Wasser. Über einen langen Stegausleger erreicht man das schwimmende Café im maritimen Look.

Ein Fitnesscenter, Rad- und Wanderwege entlang des Kanals bis zur Halde Großes Holz, Hotels und Ferienwohnungen machen den Urlaub am Kanal perfekt. Für mobile Behausungen stehen in der Oase Wohnmobilstellplätze bereit. Und noch ein Pluspunkt für Heiratswillige: Die romantische Atmosphäre veranlasste 2007 die Stadt dazu, ein Trauzimmer mit Blick auf das neue Hafenidyll einzurichten.

Adresse Hafenweg 30, Bergkamen-Rünthe, www.yachthafen-marina-ruenthe.de | **Pkw** A1, Ausfahrt Hamm/Bergkamen (81), Richtung Bergkamen, links auf Werner Straße, rechts in den Hafenweg | **ÖPNV** Bus S80, S20, Haltestelle Marina | **Tipp** In typischem Hafenkneipenflair kann im Restaurant »Skippertreff« bei leckerem Essen Seemannsgarn gesponnen werden.

2 Der unterirdische Flughafen

Das Tor zur Welt liegt unter Tage

Eilende Passagiere und hetzende Flugbegleiterinnen. Ein Tourist wird dringend zu einem Gate gebeten. Und eine weitere Durchsage kündigt den nächsten Start an. Dann hebt die Maschine ab. Mitten in der Stadt. Doch keine Sorge. Nicht über den Köpfen hinweg, sondern unter den Schuhsohlen der Passanten – tief in der Kanalisation findet der Flieger seine Destination.

Der unterirdische Flughafen »Subport Bergkamen« ist natürlich nur eine audiovisuelle Installation. Doch die Illusion ist perfekt. Aus 14 Gullydeckeln auf der Präsidentenstraße, der Bergkamener Fußgängerzone, erklingen täglich alltägliche Flughafengeräusche. Lugt man durch die Kanaldeckel ins Flughafeninnere, weisen beleuchtete Hinweisschilder den Weg zur Gangway, Gepäckaufbewahrung und Co.

Die Licht- und Klanginstallation von Rochus Aust gehört zum Kunstprojekt »Hellweg – ein Lichtweg«, welches die Kommunen des Kreises Unna, die Städte Hamm und Lippstadt in Kooperation mit dem »Zentrum für Internationale Lichtkunst e.V. Unna« ins Leben riefen. Das Projekt übersät die Region mit zahlreichen faszinierenden Lichtinstallationen. Bei dem Lichtkunstwettbewerb wurde der Bergkamener Untergrund-Flughafen 2005 mit dem ersten Preis ausgezeichnet. Schließlich sind Flughäfen Tore zur Welt, und Bergkamen macht mit seinem auf spektakuläre Weise auf sich aufmerksam.

Der unterirdische Flughafen hat dabei doppelten Symbolwert. »Der Blick in die Tiefe vereint altrömische Eleganz mit neuester Technologie«, so Rochus Aust. Damit wird der einst von den Römern entwickelten Kanalisation gehuldigt. Und auch der Bergbau, welcher einst für die Region bedeutend war, wird hierdurch geehrt – ein Kunstwerk unter Tage. Doch leider nur begrenzt. Starterlaubnisse werden hier nur bis 2015 erteilt, dann schließt der Hafen seine Gates beziehungsweise seine Kanalisationsdeckel für immer.

Adresse Präsidentenstraße, Bergkamen-Stadtmitte | **Pkw** A2, Ausfahrt Kamen/Bergkamen (15), Beschilderung Richtung Bergkamen folgen. | **ÖPNV** Bus R12, R81, Haltestelle Präsidentenstraße | **Öffnungszeiten** Der Flughafen nimmt täglich zwischen 10–12.30 Uhr und 15–22 Uhr seinen Betrieb auf. | **Tipp** Eine weitere spektakuläre Lichtinstallation, die »No agreement today, no agreement tomorrow«, findet man im Kreisverkehr vor dem Bergkamener Busbahnhof.

3 Altes Brauhaus Rietkötter

Traditionsreicher Bierausschank im alten Gerberviertel

Die Rietkötters waren eine alteingesessene Bochumer Brauereifamilie. Das alte Brauhaus des Bierclans ist das älteste erhaltene Wohngebäude der Bochumer Innenstadt, in dessen Stuben angeblich der später zum russischen Reichsvizekanzler avancierte Heinrich Graf Ostermann heranwuchs. Belegt ist, dass schon 1645 an dieser Stätte nach dem deutschen Reinheitsgebot Bier gebraut wurde.

Anfang des 19. Jahrhunderts öffnete ein Schankwirt hier eine erste Gaststätte – die »Dahm bei der Pump«. 1865 übernahm Moritz Fiege mit dem Ausschank seines Privatgebräus das schmucke Fachwerkhaus. Seine Namensgleichheit mit einer der letzten freien Brauereien des Ruhrgebiets, der hiesigen Fiege-Brauerei, ist übrigens rein zufällig. Fiege verstarb bereits einige Jahre nach Erwerb des Brauhauses. Seine Witwe heiratete schließlich 1870 den Braumeister Theodor Rietkötter. Dieser baute das Gebäude zur modernsten Kleinbrauerei der Stadt aus, und so nahm die Rietkötter'sche Bierbrautradition ihren Lauf.

Inzwischen wird das Brauhaus zwar nicht mehr von den Rietkötters betrieben, der traditionsreiche Name ist geblieben. Die Gaststätte mit ihrer urigen Atmosphäre belebt noch heute das ehemalige Gerberviertel rund um die Gerber-, Brück- und Große Beckstraße. Das historische Gebäude eint ein modernes Restaurant mit einem traditionellen Brauhaus. Der gemütliche Biergarten unter der dicken alten Eiche lädt zu herzhaften Leckereien nach einem Einkaufsbummel ein. Dass man den Blick auf die gegenüberliegende Propsteikirche St. Peter und Paul mit einem kühlen Blonden noch genießen kann, ist allerdings nicht selbstverständlich. Obwohl das Brauhaus die Kriege unversehrt überstanden hatte, war es der Stadt lange ein Dorn im Auge und sollte städtebaulichen Maßnahmen weichen. Nach langem Kampf wurde es 1986 schließlich doch in die Denkmalliste aufgenommen. So werden im Alten Brauhaus Rietkötter weiterhin hopfige Biere ausgeschenkt.

Adresse Große Beckstraße 7, Bochum-Stadtmitte, www.altes-brauhaus-rietkoetter.de | **Pkw** A40, Ausfahrt Bochum-Hamme (3), Richtung Hordel, über die Dorstener Straße bis Brückstraße, dann Große Beckstraße | **ÖPNV** vom Hauptbahnhof fußläufig in 5 Minuten zu erreichen | **Öffnungszeiten** Täglich 11–15 Uhr und 18–22 Uhr, Sa, So 11–15 und 17–22 Uhr | **Tipp** Das Stammhaus Fiege der Fiege-Brauerei in der Bongardstraße kann ebenfalls täglich ab 11 Uhr besucht werden.

4 Am Rübenkamp
Zu klein für eine Zechensiedlung

Gerade mal 200 Menschen lebten in der dünn besiedelten Bauernschaft Hordel. Nachdem 1857 auf einem Acker die Zeche Hannover entstand, begann die Geschichte der Hordeler Zuwanderung. Zunächst aus dem Rheinland, Hessen, Ostpreußen und der Provinz Posen kommend, suchten die Migranten die Nähe der Zeche. In der Straße Am Rübenkamp entstanden so 1890 drei Backsteinbauten, die den Menschen verschiedener Herkunft ein Zuhause boten. Die circa 130 Quadratmeter großen Wohnflächen gewährten bis zu zehn Einliegern gleichzeitig Platz – das ergibt eine Entfaltungsfreiheit von knapp 13 Quadratmetern pro Mietpartei.

Auch wenn die drei in Struktur und Fläche identischen Gebäude in Am Rübenkamp ein charismatisches Wohnensemble bilden, als Zechensiedlung im eigentlichen Sinne lassen sich die wenigen Wohnhütten nicht bezeichnen. Meist waren es Bergwerksgesellschaften oder Zechenbesitzer, die ihren Angestellten den Luxus einer zechennahen Wohnkolonie einrichteten. Das Dreigespann hatte jedoch unterschiedliche private Bauherren. Um Schadenersatzklagen wegen auftretender Bergrutschungsschäden zuvorzukommen, kaufte die Zeche Hannover zwischen 1905 und 1911 die drei Eigenheime nacheinander auf.

Die beiden Weltkriege setzten den Drillingen arg zu. Lediglich das mittlere Haus, die Nummer 6, kam glimpflich davon und ist heute noch im Originalzustand von 1890 erhalten. Die beiden Nachbarn sind im schlichteren Nachkriegsstil dem Zeitgeist angepasst worden. Die schmucken Giebel im Eingangsbereich entfielen, dafür glänzten die einzelnen Wohnungen mit bescheidenen Bädern.

Die drei denkmalgeschützten Häuser der kleinen Sackstraße werden nun vom »LWL-Industriemuseum Zeche Hannover« genutzt. Sie dienen sowohl als Verwaltungsgebäude als auch als exemplarische Museumswohnstätten, welche im Rahmen eines geführten Museumsbesuchs besichtigt werden können.

Adresse Am Rübenkamp, Bochum-Hordel | **Pkw** A40, Ausfahrt Bochum-Hamme (33), Dorstener Straße (B226) Richtung Herne-Eickel, 3. Kreuzung links Richtung Wattenscheid, über Edmund-Weber-Straße, Hordeler Straße bis Günnigfelder Straße | **ÖPNV** Bus 368, Haltestelle Hannoverstraße, oder Bus 390, Haltestelle Röhlinghauser Straße; dann jeweils circa 3 Minuten Fußweg | **Tipp** Die Zeche Hannover befindet sich direkt neben dem Rübenkamp. Hier sind auch der Hauptstützpunkt des LWL-Industriemuseums und das Kinderbergwerk Zeche Knirps (siehe Seite 40) untergebracht.

5___Das Bochumer Rathaus
Neorenaissance, gewichtige Glocken und Brunnen

Das erste Glockenspiel der Welt, das im Gussstahlverfahren gegossen wurde, hängt im Glockenturm des Bochumer Rathauses. Seine Klangreinheit steht den aus Bronze gegossenen Spielen in nichts nach. Zu jeder vollen Stunde erschallt durch die Bochumer Innenstadt eine liebliche Melodie und macht auf das Rathaus aufmerksam. Doch auch ohne auditiven Reiz wäre das pompöse Gebäude nicht zu übersehen.

Das 1931 fertiggestellte, im Renaissancestil erbaute Rathaus besticht durch seine widerstandsfähigen Baustoffe: Sockel aus Granit, Fassaden aus Muschelkalk und Schieferdächer. Auch im Inneren protzen Marmor, Eichenholz, Kupfer und Bronze und machen das Interieur zu einem spannenden Erlebnis. Noch heute dreht hier ein Paternoster für jedermann zugänglich seine Runden.

Der Ratssaal mit seinem Glockenturm steht als zentraler »Ort der Demokratie« im Innenhof des symmetrisch angelegten Gebäudes. Hier präsentieren sich auch die beiden aus Travertin und Bronze gefertigten Wasserspiele »Brunnen der Schönheit« und »Brunnen des Glücks« mit ihren Putten. Über die romantische Kulisse des Hofs ist auch das Trauzimmer unterhalb des Glockenturms zu erreichen.

Auf dem Vorplatz der repräsentativen Ratsstätte findet sich ein prächtiges Stück Bochumer Stahlhistorie: Am 16. Dezember 1851 meldete Jacob Mayer ein die Gussstahltechnik umwälzendes Verfahren in Bochum zum Patent an. Schon 1852 stellte seine Fabrik »Mayer und Kühne« (seit 1854 »Bochumer Verein«) auf der Provinzial-Gewerbe-Ausstellung in Düsseldorf Gussstahlglocken nach dieser Technik vor. Bei der Pariser Weltausstellung 1855 zweifelte Alfred Krupp noch öffentlich die Echtheit der ausgestellten Glocke und das revolutionäre Verfahren an. Heute thront das 15 Tonnen schwere Geläut, das an Größe sogar den »Dicken Pitter« im Kölner Dom übertrifft, vor dem imposanten Rathaus.

Adresse Willy-Brandt-Platz, Bochum-Stadtmitte | **Pkw** A40, Bochum-Hamme (3), Richtung Hordel, über Dorstener Straße bis Brückstraße, rechts in die Hans-Böckler-Straße | **ÖPNV** Bahn U35, 302, 306, 310, Haltestellen Rathaus (Süd), Rathaus (Nord) | **Öffnungszeiten** tagsüber während der Behördenzeiten | **Tipp** Ein weiterer sehenswerter Amtssitz ist das Rathaus in Marl. Seine beiden Türme wurden als spektakuläre Hängehochhäuser konstruiert.

6 Der englische Kohlenweg

Die vergessene Bahntrasse als Radwanderweg

Zunächst handelte es sich hier tatsächlich nur um einen kleinen, befestigten Weg, der bereits um 1780 zum Kohleabtransport hinunter zur Ruhr genutzt wurde. Von der Oberhausener Gutehoffnungshütte wurden 1811 schließlich Stahlschienen geliefert, mit denen der Karrenweg zu einer Bahntrasse umgebaut wurde. Die Strecke der Pferdeschleppbahn wurde als »englischer Kohlenweg« bezeichnet – immerhin waren es die fortschrittlichen Engländer, die auf ihrem Eiland die Entwicklung der Eisenbahn vorantrieben und dem Festland weit voraus waren. Offiziell trug sie aber den Namen »Hasenwinkeler Kohlenweg«, benannt nach der Zeche Hasenwinkel am Dahlhausener Ruhrufer.

Als 1863 die Ruhrtalbahn die Gemeinde Dahlhausen erschloss, wurde auch die Bochumer Kohlensammelbahn auf die übliche Normalspur umgerüstet und 1865 als offizielle Eisenbahnstrecke in Betrieb genommen. Sie verband nun die Zeche Dannenbaum (heute Opel-Werk I) in Bochum-Laer mit dem heutigen S-Bahnhof Bochum-Dahlhausen und passierte dabei die Zeche Prinz Regent in Bochum-Weitmar. 1894 wurde die Zeche Friedlicher Nachbar in Bochum-Linden ans Gleissystem angeschlossen. Hier fand sich auch lange Zeit Bochums einziger Eisenbahntunnel.

Mit dem Untergang der Kohle verlor der englische Kohlenweg schließlich an Bedeutung. 1979 rollte der letzte Güterzug über seine Schienen. Heute fahren nur noch Drahtesel über Teilstücke der ehemaligen Bahntrasse. Zurückgebaut zu einem Rad- und Wanderweg, lassen sich nun die Bochumer Industriedenkmäler über diesen historischen Weg erschließen. Die beiden unter Denkmalschutz stehenden und zu Kulturzentren ausgebauten Bahnhöfe Langendreer und Dahlhausen dienen dabei als Ankerpunkte der Radroute. Zusammen mit der Trasse der ehemaligen Bochumer Erzbahn lässt sich nun fast ganz Bochum, die Innenstadt ausgenommen, in Nord-Süd-Richtung über alte Gleisanlagen durchradeln.

Adresse Beginn an der Kassenberger Straße, dann Am Sattelgut, Bochum-Dahlhausen |
Pkw Dahlhausen A40, Ausfahrt Bochum-Wattenscheid-West (29), über Berliner Straße,
rechts in die Zollstraße, 1. rechts in die Ruhrstraße, dann 1. links in die Dahlhauser Straße,
2. rechts in die Hasenwinkeler Straße, rechts in die Kassenberger Straße bis Bahnhof
Dahlhausen | **ÖPNV** Bahn 318, Haltestelle Bochum-Dahlhausen, oder DB, Bahnhof
Dahlhausen | **Tipp** Im Eisenbahnmuseum Dahlhausen wird die Geschichte der Ruhr-
eisenbahn anhand alter Dampflokomotiven veranschaulicht.

7 _ Die Haltestelle Rathaus (Süd)
Prämierte Untertagearchitektur

Wie wundersame Prismen ragen 13 grünliche Glaskörper aus dem Untergrund in die Innenstadtlandschaft der Bongardstraße hinein. Auf den ersten Blick scheinen sie Opfer von Vandalismus zu sein, sind ihre Glasscheiben doch in Tausende kleine Fragmente zerbrochen. Doch der zweite Blick offenbart den künstlerischen Wert des »pre-crashed« genannten Bruchglases. Zum einen werden die Glaskörper dadurch zu einem Blickfänger, zum anderen leiten sie so diffuses Sonnenlicht durch ihre Schächte in die Tiefe der U-Bahn-Station Rathaus (Süd). Die 13 Lichtkanäle unterstützen tagsüber die Ausleuchtung der unterirdischen Station durch natürliches Licht.

In diesem 14 Meter tief gelegenen Untergrund enthüllt sich eine Haltestelle, die mit einigen architektonischen Kunstgriffen aufwartet. Der voluminöse Untergrundsaal kommt ganz ohne Stützpfeiler aus. Die frei schwebende Decke erhält durch ihr Faltwerk sowohl optische Reize als auch eine statische Funktion. Das Konzept des zerbrochenen Silikats wird an den Längsseiten des Bahnsteigs durch lang gezogene Glasfronten wieder aufgenommen. Dabei erfüllt hier die Dreifachverglasung den pragmatischen Zweck der Schallabsorption. Die luftgefüllten Glaszwischenräume schlucken wirksam den Geräuschpegel einfahrender Züge. Ihr ästhetischer Wert wird durch eine raumfüllende Lichtinstallation unterstützt. Ein Wechselspiel unterschiedlicher Farben taucht dabei die komplette Station in ein atmosphärisches Licht.

Zwei weitere Baukörper prägen die Halle. Ein verglaster Schrägaufzug durchtrennt die Haltestelle diagonal von oben nach unten, und eine Brücke verläuft horizontal durch diese »Landschaft«. Über ihr fahren Bahnen in die benachbarte Station Rathaus (Nord) ein. Schon kurz nach ihrer Eröffnung 2006 erhielt die Station für ihr herausragendes Design den begehrten »Renault Traffic Award«, der als einziger deutscher Architekturpreis Verkehrsbauwerke auszeichnet. Hier wartet man gern auf die Bahn.

Adresse Willy-Brandt-Platz, Bochum-Stadtmitte | **Pkw** A40, Bochum-Hamme (3),
Richtung Hordel, über Dorstener Straße bis Brückstraße, rechts in die Hans-Böckler-
Straße | **ÖPNV** U-Bahn 310, Haltestelle Rathaus (Süd) | **Tipp** Mit der U35 von der
Haltestelle Rathaus (Nord) kann man in nur elf Minuten zur neolithischen Revolution
reisen: ins Archäologische Museum in Herne. Spannend und sehenswert.

8___Der Ice Cube

Ein Eisblock versorgt Bochum mit Trinkwasser

Im Bochumer Süden stehen zwei riesige Wasserreservoire: ein Doppelhochbehälter in der Ministerstraße und ein historischer Trinkwasserspeicher an der Kemnader Straße. Die beiden Stiepeler Wassertanks bilden dabei das Zentrum eines circa 1.000 Kilometer langen Rohrsystems, das die gesamte Stadt mit Trinkwasser versorgt. In die Kammern der Tanks wird Wasser vom Turbinenwasserwerk Stiepel gepumpt, um dann in die sogenannte »Untere Zone«, die größte Wasserdruckzone des Bochumer Stadtgebiets, transportiert zu werden.

Damit der Wasserdruck im gesamten Stadtgebiet gleich bleibt, sind an wichtigen Knotenpunkten Druckanpassungsanlagen notwendig. Eine wichtige Sammelstelle befindet sich an der Königsallee in Ehrenfeld – passenderweise an der Ecke zur geschichtsträchtigen Wasserstraße. Als Teil einer alten Römerstraße, die über Laer nach Dortmund führte, verdankt sie ihren Namen dem sumpfigen Untergrund, der durch diverse Quellen hervorgerufen wurde. Hier also fließen heute untere und obere Druckzone der Bochumer Stadtwerke zusammen. Und hier entstand unter Leitung des Bochumer Architekturbüros Archifactory ein futuristischer Bau mit beeindruckender Außenfassade – der Ice Cube.

Er erinnert in Struktur und Form an einen Eisblock riesigen Ausmaßes. Laut Archifactory soll der Ice Cube »die Schönheit des Wassers in einem seiner Aggregatzustände« zeigen und damit auf die Funktion des technischen Gebäudes als Trinkwasserversorger hinweisen. Das Untergeschoss birgt eine hochmoderne Druckanlage der Bochumer Stadtwerke.

Der scheinbar frostige Zustand des Bauwerks entsteht durch Lichtreflexionen auf blauer Fiberglasstruktur. Bei Dunkelheit wird dieser Effekt noch verstärkt, indem das Gebäude in einem eisigen blauen Licht erstrahlt. Bleibt nur zu hoffen, dass in der kalten Atmosphäre des Ice Cubes die Wasserleitungen nicht gefrieren.

Adresse Wasserstraße, Ecke Königsallee, Bochum-Ehrenfeld | **Pkw** A40, Ausfahrt Bochum-Stahlhausen (32), auf dem Donezk-Ring Richtung Weitmar, dann Ausfahrt Bochum-Weitmar, links auf Wasserstraße | **ÖPNV** Bus 353, Haltestelle Werk Eickhoff | **Tipp** Der historische Trinkwasserspeicher an der Kemnader Straße, Ecke Klosterstraße steht unter Denkmalschutz und ist mit dem Stiepeler Zisterzienserkloster eine Besichtigung wert.

9 Der Katholikentagsbahnhof

Ein Haltepunkt für christliche Pilger

Bochum, anno 1949. Der deutsche Katholikentag erwartet vom 31. August bis 4. September 100.000 Gläubige aus der ganzen Republik – per Bahn. Doch der Bochumer Hauptbahnhof war einige Jahre zuvor britischen Bombern zum Opfer gefallen. Während die Städteplaner also noch über den Neubauplänen brüteten, bedurfte es einer unkonventionellen Lösung, um pilgerwillige Christen nach Bochum zu bringen: Das Resultat ist der eigens dafür gebaute Katholikentagsbahnhof. Da die neue Zentralstation um einige Hundert Meter nach Osten versetzt und ins städteplanerische Gesamtkonzept eingebunden werden sollte, wurde die zerbombte Brache des alten Bahnhofs genutzt. Der Bau wurde rechtzeitig fertig, die Pilgerlogistik gemeistert und der Katholikentag, durch dessen Spendengelder sogar die Katholikentagssiedlung in Bochum-Harpen realisiert werden konnte, ein voller Erfolg.

Ab 1949 wurde das ursprüngliche Stationsprovisorium bis zur Fertigstellung des neuen Hauptbahnhofs im Jahr 1957 als ein solcher genutzt. Danach diente er als Rangierbahnhof und bis 1994 als Ausbildungs- und Schulungsstätte der Deutschen Bahn AG. Seitdem liegt das Gelände brach.

Doch noch heute besticht das unter Denkmalschutz stehende Gebäude mit dem schlichten Charme der frühen Nachkriegsarchitektur. Dennoch ist der Zahn der Zeit nicht zu übersehen. Aufgesprengtes Mauerwerk und Wildwuchs lassen den Bahnhof derzeit in einem zerfallenden, aber stimmungsvollen Bild erscheinen, das bestens ins Viktoriaviertel passt.

Städteplanerisch ist sein letzter Zug noch nicht abgefahren. Der mittlerweile im Besitz der Stadt Bochum befindliche Katholikentagsbahnhof soll in das Projekt »City Tor Süd« integriert werden. Bei dieser geplanten Umgestaltung des Viktoriaplatzes soll er kernsaniert in neuem Glanz erstrahlen und das Gesamtkonzept des Bermudadreiecks mit dessen Gastronomielandschaft ergänzen.

Adresse Viktoriastraße 75, Bochum-Stadtmitte | **Pkw** A40, Ausfahrt Bochum-Hamme (33), über B226, rechts auf Nordring, Westring, rechts auf Viktoriastraße | **ÖPNV** Bahn 308, 318, Haltestelle Engelbertbrunnen/Bermudadreieck | **Tipp** Das Bermudadreieck mit seinen zahlreichen Kneipen und Clubs bietet Gastronomie für alle Geschmäcker. Nach entsprechender Stärkung kann im hinter dem Katholikentagsbahnhof gelegenen »Riff« gefeiert werden.

10 Das Kuhhirtendenkmal

Ein Dorf gedenkt seines Hirten

Bochum pflegte schon immer ein inniges Verhältnis zu seinen Kühen. Die Vorsilbe »Kau« des alten Stadtnamens »Kaubaukum« stammt wahrscheinlich von dem wiederkäuenden Nutzvieh und seiner hier einst hohen Kumulierung. Fritz Kortebusch war Bochums letzter Kuhhirte. Bis 1877 trieb er das Vieh zum Fressen auf die Vöde und zum Saufen hinab in die Trankgasse. Damals war der Besitz von Nutzvieh für den Eigenbedarf noch Alltag. Kühe gehörten zum Bochumer Stadtbild. Der einstige Tagelöhner Kortebusch wurde daher 1858 von der Stadt zum täglichen Viehtrieb verpflichtet. Zum Amtsantritt und als Zeichen seiner würdevollen Arbeit wurde ihm ein blechernes Horn überreicht.

Im Jahr 1908 erinnerte man sich wehmütig an den alten Kuhhüter und die damalige Zeit. Der Münsteraner Bildhauer Erich Schmiemann errichtete ihm daher ein angemessenes kupfernes Denkmal – mit Hütehund und Horn. Doch der steigende Bedarf an Rohstoffen der Rüstungsindustrie für den Zweiten Weltkrieg zwang die Stadt Bochum an ihre Metallreserven. Nicht nur eisernes Hab und Gut, sondern auch diese Reminiszenz alter Tage wurde eingeschmolzen. Erst 1962 schuf der Bochumer Künstler Walter Kruse das Denkmal nach altem Vorbild neu. Heute thront Kortebuschs zweites Abbild dort, wo einst seine Kühe die Bongardstraße auf ihrem Weg zur Tränke querten, zwischen Pauluskirche und St. Peter und Paul. Ungefähr hier befand sich damals auch der Alte Markt und bis 1862 das alte Bochumer Rathaus. Das Kuhhirtendenkmal mitten in der Stadt erinnert an den Wandel vom ackerbürgerlichen »Kuhdorf« Kaubaukum zur Industriestadt Bochum.

Die circa 2,8 Quadratkilometer große Bochumer Dorfweide, die Vöde, wurde bereits 1876 zum Stadtpark nördlich der Innenstadt umgestaltet. Vielleicht lag es an dem gut gedüngten Weideland, dass sich hier nun einer der schönsten Parks des Ruhrgebiets in all seiner Pracht entfaltet.

Adresse Platz am Kuhhirten, Bochum-Stadtmitte | **Pkw** A40, Bochum-Hamme (3), Richtung Hordel, über Dorstener Straße bis Brückstraße | **ÖPNV** diverse Linien bis Bochum Hauptbahnhof, dann circa 5 Minuten Fußweg durch die Innenstadt | **Tipp** In der nahe gelegenen Trankgasse, in der einst die Kühe soffen, befindet sich nun eine urige Tränke für dürstende Zweibeiner: der »Dorfbrunnen«.

11 Die Ökokleingartenanlage

Zurück zum ökologischen Ursprung des Kleingärtnertums

Penibel bemessene Rasenkanten, dezidierte Vereinsvorschriften und Gartenzwerge. Was in anderen Kleingartenanlagen als das Absolutum der naturnahen Entfaltungsfreiheit gehandelt wird, gilt hier nicht. Die Ökokleingartenanlage KGV »Kraut und Rüben« e.V. geht den Weg des Schrebergartens konsequent bis zum ursprünglichen Zweck zurück – naturnahe Selbstversorgung. Die Lauben werden aus Holz gezimmert, ihre Dächer begrünt. Künstliche Baustoffe dürfen nicht verwendet werden. Als Grundstücksbegrenzungen dienen aus Weidenruten geflochtene Zäune oder lebensraumschaffende Benjeshecken. Strom gibt es in den bis 300 Quadratmeter großen Parzellen keinen, eine Wasserversorgung nur an zentraler Stelle. Die auf den ersten Blick wild wuchernden Gartenanlagen lassen auf den zweiten eine liebevolle Hege erkennen. Der Anbau des hier heimischen Gemüses findet nach ökologischen Standards statt – chemische Düngemittel sind strengstens verboten.

Das Konzept geht auf. Die fast 100 Mitglieder sind im Schnitt circa zwölf Jahre jünger als der deutsche Norm-Schrebergartenbesitzer. Besucher und »verirrte« Nachbarskinder sind gern gesehene Gäste. In einer Kinderparzelle mit bäuerlichem Kleinvieh werden der Nachwuchs zu landwirtschaftlichen Tätigkeiten angeregt und das ökologische Denken gefördert. Eine Obstwiese und eine Imkerstation versorgen die Mitglieder en masse mit frischen Früchten und Honig. Anpflanzungen finden im Einklang mit dem benachbarten Naturschutzgebiet »Am Blumenkamp« statt. In diesem vier Hektar großen Feuchtgebiet haben sich selbst Rotwangen-Schmuckschildkröten angesiedelt.

Die Ökokleingartenanlage wurde auf der alten Bergehalde der Zeche Hannover errichtet. Der Verein besteht bereits seit 1998. Seine Anlage ist ein vorbildlicher biologisch-ökologischer Mikrokosmos in der Großstadt Bochum – eine grüne Oase mitten in Wattenscheid. Und ein paar Gartenzwerge gibt es sogar hier.

Adresse Günnigfelder Straße 161, Bochum-Wattenscheid, www.oekokleingarten.de |
Pkw A40, Ausfahrt Bochum-Hamme (33), Dorstener Straße (B226) Richtung Herne-
Eickel, 3. Kreuzung links Richtung Wattenscheid, über Edmund-Weber-Straße, Hordeler
Straße bis Günnigfelder Straße | **ÖPNV** Bus 390, Haltestelle Osterfeldstraße | **Tipp**
Naturverbundene sollten das angrenzende Naturschutzgebiet »Am Blumenkamp« mit dem
Goldhammer Bach besuchen. Von hier lässt es sich bis zum Bochumer Westpark mit seiner
Jahrhunderthalle wandern.

12 Das Polenviertel

Schimanskis Ahnen und ihr polnisches Zentrum

Polnisch sprechende »Preußen der Ostprovinzen« waren die Ersten, die Ende des 19. Jahrhunderts in Massen als Gastarbeiter ins Ruhrgebiet strömten. Das kleine Städtchen Bottrop wurde sogar einst »Klein Warschau« genannt. Insgesamt zog zwischen 1870 und dem Ersten Weltkrieg circa eine halbe Million Polen ins Ruhrgebiet. Doch hieß man die »Ruhrpolen« nicht freundlich willkommen. Staatliche Repressalien, wie etwa das Verbot der polnischen Sprache, diskriminierten sie. Polnische Namen wurden eingedeutscht. Aus Szymanski wurde Schimanski, aus Kaczmarek Kamman. Aus der Not heraus schufen die Osteuropäer innerhalb ihrer Kolonien eigene Vereinigungen und Organisationen. Bochum war zu preußischen Zeiten ruhrpolnische Hochburg. Die Straße Am Kortländer war Schaltzentrale und Sitz vieler polnischer Institutionen.

Die alten Gebäude im Bochumer Polenviertel dienten den Instituten als Hauptquartiere und zeugen noch heute von ihrer masurisch-posischen Vergangenheit. Die polnische Gemeinschaft kaufte hier die Häuser Am Kortländer 2 bis 14. In ihnen war unter anderem die polnische Zeitung »Wiarus Polski« samt Druckerei untergebracht. Auch die Gewerkschaftsvereinigung »Zjednoczenie Zawodoz Polskie« sowie diverse polnische Banken (unter anderem »Bank Robotnikow«) und Schulen nutzten das Viertel für die Interessen ihrer slawischen Gemeinschaft.

Das 1868 gegründete Redemptoristenkloster in der nahen Klosterstraße war ausschlaggebend für die Entwicklung Bochums zum überregionalen polnischen Zentrum. Die Abtei mit ihrer sehenswerten Kirche und dem idyllischen Klostergarten erfüllte noch bis Anfang 2011 den Zweck der Seelsorge für Osteuropäer. Die Zukunft des Klosters ist nun jedoch ungewiss – ein Abriss ist nicht ausgeschlossen. Allein die geschichtliche Bedeutung der Polen für Bochum sollte der Stadt Ansporn genug sein, Kloster samt Polenviertel angemessen zu erhalten.

Adresse Am Kortländer und Klosterstraße, 44787 Bochum-Stadtmitte | **Pkw** A40, Bochum-Hamme (3), Richtung Hordel, über Dorstener Straße bis Brückstraße, rechts Am Kortländer | **ÖPNV** Bahn 306, Haltestelle Brückstraße | **Tipp** Will man Schimanskis Tatortspuren folgen, spaziert man am besten durch das St. Pauli des Ruhrgebiets: Duisburg-Ruhrort war die zentrale Kulisse für die kultige Krimireihe um Schimmi und Thanner.

13 Die Ruhr-Universität

»Guernica« und andere Kunstschätze

Dorische Säulen, bunte Fresken, barocke Voluten, detaillierte Karyatiden. Die Symbiose von Architektur und bildender Kunst war schon immer offensichtlich und direkt wahrnehmbar.

Anders jedoch an der Bochumer Ruhr-Universität. Hier findet man die »Kunst am Bau« nur versteckt auf dem großen Campusareal. Dabei ist die Ruhr-Universität eine regelrechte Kunstlandschaft. Wer es nicht weiß, läuft hier an einem Vasarely ebenso vorbei wie an einer Skulptur von Friedrich Gräsel. Der Gestalter des ALDI-Logos Günter Fruhtrunk und auch Josef Albers sind mit imposanten Wandreliefs vertreten. Rupprecht Geigers Wandmalereien sind genauso ins bauliche Konzept eingeflossen wie das Ziegelwandrelief von Henryk Dywan.

Die Universität selbst ist als ein »Hafen im Meer des Wissens« konzipiert. Wie an Landungsbrücken nebeneinanderliegend hat der Architekt Helmut Hentrich die einzelnen Gebäude arrangiert. Schiffen gleich docken sie mit ihren Fronten an den Zuwegen an und begrenzen so den Campus. Das mittig gelegene Audimax ist muschelförmig gestaltet. Gebaut wurde die Ruhr-Universität im Jahre 1962. Ob die Neonwand von Ferdinand Kriwet in der Cafeteria oder das Wasserrelief von Erich Reusch auf dem Forumsplatz – der dominante Betonbau wird durch über 20 originale Werke großer Künstler aufgelockert. Lediglich Pablo Picassos »Guernica« fällt dabei etwas aus dem Rahmen, ist es doch hier nur als täuschend echte Replik vertreten.

Im Gebäude der Universitätsbibliothek findet sich zusätzlich noch eine große Kunstsammlung moderner und antiker Schätze. Der Schwerpunkt liegt auf Werken des 20. Jahrhunderts mit namhaften Künstlern wie zum Beispiel Alberto Giacometti oder Joseph Beuys.

Auch der Subkultur der Sprayer wurden an der Ruhr-Universität legale Freiräume geschaffen. In Kooperation mit der Stadt entstanden auf verschiedenen Freiflächen rund um den Campus künstlerisch wertvolle Graffiti.

Adresse Universitätsstraße 150, Bochum-Querenburg, www.ruhr-uni-bochum.de/kuba |
Pkw A40, Ausfahrt Bochum-Stahlhausen (32), Richtung Bochum-Weitmar, über Bochumer
Ring Beschilderung Ruhr-Universität folgen | **ÖPNV** Bahn U35, Haltestelle Ruhr-Univer-
sität | **Öffnungszeiten** Kunstsammlung Di–Fr 11–17 Uhr; Sa, So und feiertags 11–18 Uhr.
Mo geschlossen. Eintritt frei. | **Tipp** Südlich der Ruhr-Universität schließt sich ihr chine-
sischer Garten an, dessen Gestaltung fließend das Kunstkonzept der Uni weiterführt.

14 Die neue Synagoge

*Jüdischer Backsteinexpressionismus aus
israelischem Naturstein*

Einen architektonisch abwechslungsreicheren Ort gibt es wohl nicht. Das kontrastreiche Ensemble aus rundem Metall und kantigem Stein, dreieckiger Dachkonstruktion und quadratischem Grundriss, dunklem Stahl und hellem Naturfels bildet eine beeindruckende Landmarke am östlichen Rand der Bochumer City. Direkt gegenüber des kupfernen Planetariumrundbaus steht seit 2008 dieser steinerne Kubus der neuen Bochumer Synagoge. Doch auch ohne seinen architektonischen Gegenpart besticht das sakrale Bauwerk durch herausragende Elemente.

Fangen wir außen an. Der 17 Meter hohe Würfel nimmt Bezug auf die im Ruhrgebiet der 1920er Jahre übliche Bauweise des Backsteinexpressionismus. Statt roter Ziegel wurde seine Fassade jedoch aus hellem israelischem Naturstein gestaltet. Auch die monumentale Schlichtheit wurde dem damaligen Stil entlehnt. Durch eine gekonnte Anordnung vor- und zurückspringender Backsteine wurde das immer wiederkehrende Ornament des Davidsterns in die Fassade integriert.

In ihrem Inneren öffnet sich der Gebetsraum durch eine großzügige Fensterfront nach Osten hin. Zusätzlich leiten dreieckige Durchlässe in der Fassade Sonnenlicht hinein und sorgen für ein stimmungsvolles Lichtspiel. Auch der Schrein mit den kostbaren Thorarollen steht auf der Ostseite gen Jerusalem. Die Bima, das zeremonielle Lesepult, steht hingegen mittig. Die Bankreihen sind im Halbkreis um sie herum angeordnet. So ist sowohl das gelesene Wort als auch der Chasan (Vorbeter) im räumlichen Sinne Mittelpunkt des Gottesdienstes. Die Bochumer Synagoge ist die Glaubensstätte für circa 1.100 jüdische Bürger, wobei die Gemeinde die Städte Herne und Hattingen mit einschließt. Den Gemeindewunsch nach einer atmosphärischen Kuppel hat der Architekt Peter Schmitz gekonnt gelöst. Ein riesiger halbrunder Baldachin hängt in glänzendem Gelbgold unter der Decke.

Adresse Erich-Mendel-Platz 1, Bochum-Stadtmitte, www.jg-bochum.de | **Pkw** A40, Ausfahrt Bochum-Ruhrstadion (36), vom Stadionring rechts auf die Castroper Straße | **ÖPNV** Bahn 308, 318, Haltestelle Planetarium | **Öffnungszeiten** Besichtigungen sind nur innerhalb der Führungen möglich. Infos unter Tel. 0234-41756011 oder auf der Homepage. | **Tipp** Folgt man den jüdischen Spuren nach Duisburg, findet man direkt am Innenhafen die Jüdische Gemeinde Duisburg – ein ebenso beeindruckendes Gemeindehaus.

15 Das Thealozzi

Das kulturelle Überbleibsel des Heusnerviertels

Das Heusnerviertel gibt es nicht mehr. Es war einst eine in sich geschlossene Einheit mit dorfähnlichen Strukturen, mit Polizei, Feuerwehr und Gemischtwarenhändler in direkter Nähe zum Stadtzentrum. Benannt wurde es nach einer dort lebenden Familie – den Heusners. Dann kamen die Stadtplaner. Das Viertel um die Heusner-, Bahn-, Pestalozzi- und um Teile der Kohlenstraße sollte einer Schnellstraße weichen.

Ende der 1970er Jahre hatte man jedoch aufgrund des studentischen Wohnungsmangels die Hochschüler zunächst in das Heusnerviertel einquartiert – für eine Mark pro Wohnung! Dass Studenten hin und wieder recht rebellisch werden können, hatte man nicht bedacht. Dem drohenden Abriss folgte eine der größten Hausbesetzungen Deutschlands. Mehr als 150 Wohnungen in 40 Häusern wurden in Beschlag genommen.

In dieser spannungsreichen Atmosphäre gründete sich 1982 das Thealozzi. Die Räumlichkeiten der alten Pestalozzischule wurden zu einem Kulturzentrum umfunktioniert. Mittlerweile hat sich das Thealozzi in der Theaterlandschaft des Ruhrgebiets etabliert. Die erfolgreichen Inszenierungen wurden 2002 mit einer neuen Außenspielstätte in der Maschinenhalle der Zeche »Friedlicher Nachbar« belohnt. Der Name ist dabei ein zufälliger, aber gelungener Euphemismus für die Querelen ums Heusnerviertel.

Im sozialpolitischen Kampf des Heusnerviertels konnte das Thealozzi sich immerhin durchsetzen. Es wurde von der Abrissbirne verschont. Bis auf das schicke Schulgebäude der Gründerzeit (Ende 19. Jahrhundert) und ein paar Heusner'schen Restfragmenten ist von der alten Siedlung aber nichts mehr übrig geblieben. Die Schnellstraße (Bochumer Ring) wird mittlerweile viel genutzt und derzeit zur Autobahn ausgebaut. Sie ist partiell nach den Bochumer Partnerstädten Donezk, Oviedo, Nordhausen und Sheffield benannt und bietet heute dem Thealozzi eine gute Verkehrsanbindung.

Parken für Unbefugte
auf dem Schulhof
verboten

Der Oberstadtdirektor

Unbefugten ist das
Betreten und Befahren des
Schulgeländes verboten.
Türen ihr bitte freihalte

er Oberstadtdirektor

KULTUR
HAUPT
STADT
FREIE
ZONE

Adresse Pestalozzistraße 21, Bochum-Stahlhausen, www.thealozzi.de | **Pkw** A40, Ausfahrt
Bochum-Stahlhausen (32), Richtung Bochum-Weitmar, über den Donezk-Ring, Ausfahrt
Bochum-Stahlhausen auf Heusnerstraße, links in die Pestalozzistraße | **ÖPNV** Bus 360,
Haltestelle Bahnstraße | **Öffnungszeiten** Theaterprogramm bitte der Homepage entneh-
men | **Tipp** Direkt hinter dem Thealozzi findet sich neben einer netten Kleingärtneranlage
ein alter Friedhof. Der erste Grabstein, der dem Besucher hier ins Auge fällt, gedenkt den
Heusners.

16___Die Zeche Knirps

Ein Bergwerk in Kinderhänden

Obwohl die Zeche Hannover von außen eher einer mittelalterlichen Burg mit wehrhaftem Bergfried gleicht, war sie einst fortschrittlichste und modernste Zeche des Ruhrgebiets. Doch sie besticht nicht nur durch ihre eigenwillige Bauweise.

Architektonisch seinem großen Bruder nachempfunden, ragt auch der Malakowturm der Zeche Knirps über einen kleinen Bergbaubetrieb. Angegliedert an das »LWL-Industriemuseum Zeche Hannover«, werden in dem Kinderbergwerk Jugend- und Schulgruppen auf spielerische Weise die Vorgänge unter und über Tage veranschaulicht. Die Betriebsabläufe sind dabei täuschend echt. Ob Steiger, Knappe oder Hauer: Hier muss jeder mit anpacken. In typischer Bergmannskluft müssen die kleinen Besucher sowohl die Loren der stählernen Hängebahn als auch die Förderanlage im Malakowturm bedienen. Kohle wird jedoch nicht gefördert. Was hier aus dem dunklen Stollen der Zeche Knirps zutage gebracht wird, ist Kies. Dabei nutzt der kleine Förderturm die gleiche Technik, die hier 1876 in der großen Zeche entwickelt wurde und damals den Bergbau revolutionierte – die Koepe-Förderung.

Friedrich Koepe entwickelte in der Bochumer Zeche eine Treibscheibe, die das Seil der Förderkörbe nicht etwa aufwickelte, sondern auf einen weiteren Förderkorb umlenkte. So fuhr ein Korb ein, während der andere aus dem Bergwerk ausfuhr. Die Koepescheibe löste so elegant die Problematik der langwierigen Einfahrung ins Bergwerk. Zur noch effizienteren Nutzung der Seilfahrt kamen in der Zeche Hannover Förderkörbe mit drei Etagen zum Einsatz. Diese damals zukunftsweisende Bergwerktechnik ist im »LWL-Industriemuseum Zeche Hannover« zu bewundern.

Was einst mit einer imposanten Dampfmaschine in der Maschinenhalle betrieben wurde, erfordert in der Zeche Knirps jedoch echte Muskelkraft – die Koepescheibe des Kinderbergwerks muss per Tretlager angetrieben werden.

Adresse Günnigfelder Straße 251, Bochum-Hordel, www.zeche-hannover.de | **Pkw** A40, Ausfahrt Bochum-Hamme (33), Dorstener Straße (B226) Richtung Herne-Eickel, 3. Kreuzung links Richtung Wattenscheid, über Edmund-Weber-Straße, Hordeler Straße bis Günnigfelder Straße | **ÖPNV** Bus 368, Haltestelle Hannoverstraße, Bus 390, Haltestelle Röhlinghauser Straße; dann jeweils circa 3 Minuten Fußweg | **Öffnungszeiten** April–Okt Mi–Sa 14–18 Uhr, So 11–18 Uhr. Für angemeldete Gruppen mit Führung ganzjährig Di–Sa 9–18 Uhr | **Tipp** Das gegenüberliegende Gelände der ehemaligen Zeche Königsgrube mit seinem bewussten Wildwuchs wird von einem Verein als Modellflugplatz genutzt. Hier werden spektakuläre Flugshows im Miniaturformat geboten.

17 Der Gesundheitspark Quellenbusch

Die Kuranlage mit Gesundheitspyramide

Der Tetraeder auf der Halde Beckstraße ist bekannt. Dass auf Bottroper Stadtgebiet jedoch noch ein weiteres pyramidenartiges Gebilde steht, wissen wohl nur eingefleischte Kneippgänger. Als markante Landmarke ragt das aus 120 Jahre alten Lärchenstämmen erbaute Konstrukt zwischen den besinnlichen Gärten des Gesundheitsparks Quellenbusch im Westen Bottrops hervor – die Gesundheitspyramide.

Gesundheitspark – das klingt zunächst nach einer Stätte für genesende Kranke. Im Jahr 1992 entstand hier aber eine kuriose Kuranlage in Kleinstformat, die auch gesunde Menschen zum Entspannen einlädt. Der ungewöhnliche Park mit seinen zahlreichen Rückzugs- und Erholungsmöglichkeiten ist landschaftlicher Balsam für die gestresste Seele. Ein circa 90 Minuten langer Stationenrundgang erschließt die einzelnen Sehenswürdigkeiten. Dazu gehört zum Beispiel die Kneippanlage. Kalte Armbäder und Wassertreten stärken hier Kreislauf und Immunsystem. Wasser ist generell Thema des Quellenbuschs. So rührt der Name schon von sanft sprudelnden Quellen, die die Bäche nähren. Ein Hydroionisator reichert die umgebende Luft durch seinen zarten Wassernebel mit wohltuenden negativen Ionen an.

Das Konzept des Gesundheitsparks ist einfach. Die Heilkraft der Natur steht im Mittelpunkt. Im blühenden Apothekergarten findet der Besucher diverse Heilpflanzen – die Beete sind nach Krankheitsbildern sortiert. Das Gesundheitshaus mit seinen Therapieeinrichtungen nutzt den Gesundheitspark für seine Patienten. Angegliedert an das Knappschaftskrankenhaus, wird hier dem Aspekt der »ambulanten« Rehabilitation Sorge getragen – Gesundung findet in bekanntem Umfeld direkt vor der Haustür Bottrops und nahe der Familie statt.

Neben all den gesundheitsfördernden Eindrücken bildet die ansehnliche Rekonstruktion eines jungsteinzeitlichen Hügelgrabs einen morbiden, aber landschaftlich passenden Kontrast.

Adresse Osterfelder Straße 159, Bottrop-Vonderort, www.gesundheitspark-quellenbusch.de |
Pkw A42, Ausfahrt Bottrop Süd (12), Richtung Bottrop, von der Essener Straße links auf
den Südring bis Osterfelder Straße | **ÖPNV** Bus 264, Schnellbus 91, Haltestelle Knapp-
schaftskrankenhaus | **Tipp** Der Osterfelder Straße Richtung Süden folgend, stößt man
nach wenigen Hundert Metern auf den Revierpark Vonderort.

18___ Der Köllnische Wald

Ein Stückchen Urwald im Ruhrgebiet

Ein Urwald ist laut Definition eine natürliche, großflächige Wald-vegetation, die keinen sichtbaren menschlichen Einfluss aufweist und sich in ihrer natürlichen Dynamik ungestört entwickeln kann. Der Köllnische Wald weist durchaus menschlich beeinflusste Strukturen auf. Der Eingriff industriellen Bergbaus verhalf ihm zu dem feuch-ten, artenreichen Gehölz, welches sich hier zwischen Fuhlenbrock und Eigen präsentiert. Dennoch kann dieses Gebiet als Urwald be-zeichnet werden, wenn man die Definition nicht ganz so streng nimmt. Es sind vor allem die uralten Baumbestände, die den größ-ten zusammenhängenden Laubwaldkomplex Nordrhein-Westfalens (mit Anschluss an die Hohe Mark) zu etwas ganz Besonderem ma-chen. Unterhalb der 150 Jahre alten Buchen sprießt eine vielfältige, dichte Flora, die für eine artenreiche Fauna und für ein unvergleich-liches Naturschauspiel sorgt.

Bergbaubedingte Bodenabsenkungen führten in den 1950er Jah-ren dazu, dass der Grundwasserspiegel hier an die Oberfläche trat und den Wald in ein sumpfiges Gebiet mit großem Senkungssee ver-wandelte. Seit 1962 saugt nun ein Pumpwerk den Wald trocken und leitet das Wasser in den Betriebskanal der Schachtanlage Haniel.

Der dennoch immerfeuchte Boden des Köllnischen Waldes bie-tet der Natur ideale Voraussetzungen für ein prächtiges Gedeihen. Große Baumbestände wie Schwarzerlen, Winterlinden, Roteichen und die dominierende Rotbuche überwuchern hier ein farbenpräch-tiges Blütenmeer der Strauch- und Unterholzpflanzen und bilden einen idealen Unterschlupf für seltene Tiere, wie zum Beispiel den auf der Roten Liste stehenden Buntspecht. Über ein gut ausgebau-tes Wanderwegenetz lässt sich der Bottroper Urwald, der einst Be-sitz des Kölner Bischofs war, erschließen.

Westlich des riesigen Naturschutzgebietes grenzt die Halde Ha-niel mit ihrer archaischen Installation »Totems« und einer kleinen Bergarena für Aufführungen an.

Adresse Herzogstraße, Bottrop-Fuhlenbrock | **Pkw** A2, Kreuz Bottrop (3), Richtung Bottrop, Ausfahrt Bottrop, links auf die Kirchhellener Straße, dann links auf die Oberhausener Straße | **Tipp** Östlich des Köllnischen Waldes erstreckt sich der Stadtteil Warme Eigen mit seinen Zechenhäusern.

19___Das Quadrat Bottrop
Viergeteiltes Museumszentrum mit Skulpturenpark

Als man 1906 mit dem Bau des Rhein-Herne-Kanals begann, stieß man bei den Grabungen auf erstaunliche urzeitliche Funde. In Bottrop-Welheim legte man eine in Europa einmalige, riesige Tierfährtenplatte frei. Weitere archäologische Schätze aus dem ausgebaggerten Emschertal: diverse prähistorische Steinwerkzeuge und eiszeitliche, fast vollständig erhaltene Skelette, unter anderem das eines Mammuts, eines Wollnashorns und einer Saigaantilope.

Die Exponate, die Rückschlüsse über das prähistorische Leben im Bottroper Emschertal zulassen, sind im Quadrat Bottrop zu bewundern. Das Museum für Ur- und Ortsgeschichte mit seiner großen Sammlung ist nur eine der vielen Attraktionen des Museumszentrums. Das seit 1976 existierende Heimatmuseum in seinem quadratischen Bau wurde 1983 durch drei gleich große Kuben erweitert. Die viereckige Struktur huldigt dabei dem gebürtigen Bottroper Künstler Josef Albers. Als Baumeister und stellvertretender Direktor des Weimarer Bauhauses sind seine eckigen und streng geometrischen Werke legendär. Hier sind sie zu der weltweit größten Josef-Albers-Sammlung zusammengetragen und in schönem Ambiente ausgestellt.

Der Name des Bottroper Gebäudeensembles ist mehrdeutig. Neben der Hommage an Albers' Quadraturen besteht das viergeteilte Quadrat Bottrop aus einem ebenso eckigen Grundriss und beheimatet gleich vier Kunstsammlungen. Die Studio-Galerie und die Galerie der Moderne mit ihren Wechselausstellungen zu »konstruktiv-konkreter Kunst« und Exponaten international renommierter Künstler komplettieren das Quadrat im Bottroper Stadtgarten.

Durch die großen Glasflächen der Kuben öffnen sich die Museen nach außen hin und integrieren den weitläufigen Stadtpark in die Kunstsammlung. Dieser schmückt sich mit etlichen Skulpturen namhafter Künstler und macht das Gesamtkonzept des Quadrats zu einer runden Sache.

Adresse Im Stadtgarten 20, Bottrop-Fuhlenbrock, www.bottrop.de/mq | **Pkw** A2, Ausfahrt Bottrop (3), oder A42, Ausfahrt Bottrop-Süd (12), Richtung Stadtmitte, Beschilderung folgen | **ÖPNV** Bus 267, Schnellbus 16, Haltestelle Im Stadtgarten | **Öffnungszeiten** Di–Sa 11–17 Uhr, So, feiertags 10–17 Uhr, Mo geschlossen. Der Eintritt zu den Dauerausstellungen ist frei. | **Tipp** Skulpturen von Josef Albers finden sich auch an der Ruhr-Universität Bochum (siehe Seite 34).

20 Der Europaplatz

Die Sprungschanzen der Europastadt

Die Stadt Castrop blickt auf eine über 1.000-jährige Geschichte zurück. Relativ jung ist jedoch die Chronik Castrop-Rauxels. Erst 1926 wurden die Gemeinden zusammengeschlossen. Da die neue Allianz Castrop-Rauxel in einen nördlichen und einen südlichen Siedlungskern aufgeteilt war, die noch dazu von der Trasse der einstigen Köln-Mindener Eisenbahn getrennt wurden, entschlossen die Städteplaner in den 1960er Jahren, symbolisch einen gemeinsamen Stadtmittelpunkt zu schaffen – den Europaplatz. Er sollte unter anderem die neue Stadtverwaltung beherbergen.

Entstanden ist 1971 ein kulturell und architektonisch meisterlicher Anziehungspunkt. Die Nordseite des erhöhten Europaplatzes wird von dem großen, 250 Meter langen Stadtverwaltungsgebäude aus rotem Backstein dominiert. Dem riesigen Bürokratenbau vorgelagert ist der Ratssaal. Er bildet zusammen mit zwei ihm gegenüberliegenden Bauten eine kontrastreiche Einheit völlig neuartiger Architektur. Ihre innovativen Dachformen erinnern an drei der Platzmitte zugewandten Skisprungschanzen. Die komplett an Stahlseilen hängenden Dachkonstruktionen schaffen dadurch nicht nur großzügige, stützenfreie Innenräume. Die Hängedächer sorgen für ein einmaliges Äußeres. Unter den drei Sprungschanzen sind der Ratssaal, die Europahalle und das Westfälische Landestheater untergebracht.

Der Name des Platzes war logische Konsequenz. Bereits 1949 wurde die erste europäische Städtepartnerschaft zum englischen Wakefield geschlossen. Schnell folgten weitere Partnerschaften und machten Castrop-Rauxel zur selbst deklarierten Europastadt im Grünen. Der rege internationale und kulturelle Austausch spiegelt sich nun in dem facettenreichen Programm des Landestheaters wider. Dabei bildet der Europaplatz mit seinen ihn abgrenzenden Gebäuden ein ideales Forum. Er ist längst der Stadtmittelpunkt Castrop-Rauxels.

Adresse Europaplatz 1–10, Castrop-Rauxel-Rauxel | **Pkw** A42, Ausfahrt Castrop-Rauxel (26), Richtung Datteln (B235), links Europaplatz | **ÖPNV** Bus 480, 482, Schnellbus 22, Haltestelle Europaplatz | **Tipp** Das Westfälische Landestheater inszeniert neben seinem Hauptspielort am Europaplatz vor äußerst skurrilen Kulissen – unter anderem hoch oben auf einer Halde. Infos unter www.westfaelisches-landestheater.de

21 Die Naturhindernisbahn

Rasanter Pferdesport von der Insel

Englische Jagdrennen, die sogenannten Steeplechases, sind die gefährlichsten Wettkämpfe, die der Pferdesport zu bieten hat. Gefährlich und hin und wieder tödlich für Mensch und Tier. Schon im 19. Jahrhundert brachte der Ire William Thomas Mulvany den spektakulären Sport nach Castrop-Rauxel. Die hiesige Rennstätte galt als die bedeutendste Naturhindernisbahn Westdeutschlands. Pferdesportler von nah und fern kamen mit ihren Tieren ins Castroper Land, um an den spektakulären Rennen teilzunehmen.

Heute deuten nur noch Gabionen (Steinmauern), Hecken und steinerne weiße Bodenpflöcke den historischen Streckenverlauf und dessen Hindernisse an. Am Zieleinlauf berichten zwar noch Schautafeln von dem hektischen Treiben – heute dominiert aber die entspannende Trägheit der Natur die jetzige Freizeitanlage Schellenberg.

Bereits 1875 initiierte Mulvany, Gründer der Zeche Erin, ein Castrop-Rauxeler Rennkomitee. Sein Gutsverwalter James Toole richtete daraufhin auf dem Anwesen Goldschmieding einen ersten Rennparcours ein. Nach englischem Vorbild gestaltete er Wassergräben, Ligusterhecken und Erdwälle – eben eine Naturhindernisbahn. Über die Jahre wurde die Anlage ausgebaut und verbessert – von Cross-Country über Jagdrennen bis zur Flachbahn. Bis 1970 fanden hier etliche dramatische Rennen statt – bis zu 30.000 Zuschauer pilgerten zu den Wettkämpfen.

Das Aus hatte schließlich mehrere Gründe: Das Verletzungsrisiko der Rennpferde war groß, Galopp- und Trabrennbahnen dotierten ihre Läufe höher, und König Fußball stahl die Zuschauer. Heute ist das hügelige Areal mit reizvollen Panoramen zwar noch als Rennstrecke markiert, jedoch zu einem idyllischen Ruhepol geworden und durch Radwege erschlossen. Obwohl die Naturhindernisbahn ihren ursprünglichen Zweck schon seit 40 Jahren nicht mehr erfüllt, hat sich der Rennsportverein Castrop bis heute nicht aufgelöst.

Adresse Dortmunder Straße, Castrop-Rauxel-Schwerin, www.castroper-rennen.de | **Pkw** A42, Ausfahrt Castrop-Rauxel (26), Richtung Witten (B235), nach 2 Kilometern links in die Dortmunder Straße | **ÖPNV** Bus 480, Haltestelle Goldschmieding | **Tipp** Das alte Rittergut Haus Goldschmieding mit seiner gehobenen Gastronomie ist auf jeden Fall einen Besuch wert. Ein Reiterdenkmal auf dem Altstadtmarkt gedenkt der Castrop-Rauxeler Pferderenngeschichte.

22___Das Dattelner Meer

Ein Rangierbecken für dicke Kähne

Gleich vier der verkehrsreichsten deutschen Kanäle treffen hier zusammen und bilden mit ihren zahlreichen Verzweigungen, Wehren, Sicherheitstoren und Schleusen ein geschlossenes Becken. Zum Süden hin erstreckt sich das Kanalnetz bis zum Schleusenpark Henrichenburg, wo der Rhein-Herne-Kanal auf den Dortmund-Ems-Kanal trifft. Etwas weiter nördlich stößt von Osten der Datteln-Hamm-Kanal hinzu. Vom Nordwesten Dattelns kommend, trifft schließlich noch der Wesel-Datteln-Kanal auf den größten Kanalknotenpunkt Europas – dem Dattelner Meer.

Eine insgesamt 17 Kilometer lange Wasserstraße durchzieht dabei die circa 35.000 Einwohner zählende Stadt. Dementsprechend weitläufig sind die Radrouten und Wanderwege, die sich von hier erschließen lassen. Unter anderem über alte Leinpfade und gut ausgeschilderte Routen wie zum Beispiel die Wanderwege »Blaue Acht« und »Grüne Acht« erreicht man die Sehenswürdigkeiten des Dattelner Meers: die »Alte Fahrt«, einen toten Arm des Datteln-Ems-Kanals, das danebengelegene historisch bedeutsame Sperrtor, die Schleusengruppe Datteln-Natrop, den Dattelner Hafen und das Schiffshebewerk in Waltrop.

Das breite Becken des Dattelner Meers hatte einst einen pragmatischen Nutzen. Als 1905 vom preußischen Landtag das staatliche Schleppmonopol beschlossen wurde, rangierte man hier die antriebslosen Lastkähne um und koppelte sie an die staatlichen Schlepper. So wurden sie zu ihrer jeweiligen Destination beziehungsweise zum nächsten »Rangierhafen« geschleppt. Am 1. Januar 1968 trat das Schleppmonopolaufhebungsgesetz (SchlMonAufhG) in Kraft und öffnete das westdeutsche Kanalnetz wieder für die komplette Frachtschifffahrt.

Heute sind hier diverse Ruder- und Bootsvereine beheimatet. Angler tummeln sich an den Ufern. Von der großzügigen Promenade mit ihren Sitznischen und Cafés lassen sich die vorbeiziehenden Frachtkähne beobachten.

Adresse Hafenstraße, Datteln | **Pkw** A2, Ausfahrt Henrichenburg (11), Richtung Datteln (B235), nach 6 Kilometern rechts auf den Südring (B235), rechts in die Waltroper Straße, links in die Hafenstraße | **ÖPNV** Bus 280, 281, Haltestelle Kanalweg | **Tipp** Das alljährliche Kanalfest Ende August rund um das Dattelner Meer lockt mit hochkarätigen Show- und Musikacts im und am Wasser.

23 Die Freiheit Horneburg

Die Alte Freiheit und das Tuens Hüsken

Ganz offiziell gehört die kleine Ortschaft Horneburg zu Datteln. Doch seit jeher ist man stolz auf seine eigenständige Geschichte als ehemalige Freiheit.

Freie Bürger suchten hier in den unruhigen Zeiten des Mittelalters die schützende Nähe des Schlosses der »Herren von Oer«. Freiheiten waren Siedlungen, die in einer Symbiose den Festungen vorgelagert waren. Sie standen unter dem Schutz der Burgherren und genossen diverse Privilegien. Im Falle der Horneburg gestanden die Edelmänner den Bürgern neben Land- und Forstnutzungsrechten teilweise Steuerfreiheit zu. Der Preis dafür: die Bewachung und Verteidigung der Burg.

Die Horneburger Hauptburg wurde 1646 im Dreißigjährigen Krieg niedergebrannt, dennoch sind noch Teile der alten Anlage gut erhalten. Die 200 Jahre alten Bürgerhäuser entlang der Hauptstraße verbreiten historischen Charme. Die Jahreszahlen über den Torbögen der Fachwerkhäuser lassen ihre jeweilige lange Geschichte erahnen. Die Freiheitshäuser befanden sich ursprünglich in der Straße Alte Freiheit. Ein Brand im 16. Jahrhundert machte eine Umsiedlung der Bürger in die Straße Im Ort notwendig. Das alte Gefängnis der Freiheit, das »Tuens Hüsken«, ist zwar nicht das älteste noch stehende Gebäude des Dorfes, aber sicherlich das bekannteste. Gelegen in einem Hinterhof an der Dorfkirche, prägt seine mittlerweile windschiefe Statur noch heute das Siedlungsbild mit. Von der alten Vorburg steht noch ein restaurierter Flügel – ausgebaut zu einem imposanten Herrenhaus. Auch die nahe gelegene Schlosskapelle ist einen Besuch wert.

Da es in Horneburg jede Menge Geschichtliches zu erleben gibt, hat der hiesige Heimatverein einen historischen Rundweg eingerichtet, der die wichtigsten Stationen der Horneburger Historie abdeckt. Nicht ganz so alt, aber immerhin alteingesessen, ist die urige Gaststätte, in der die Tour beginnt.

Adresse Horneburger Straße, Datteln-Horneburg | **Pkw** A2, Ausfahrt Henrichenburg (11), auf B235 Richtung Datteln, links in die Dortmunder Straße, der Beschilderung Richtung Horneburg folgen | **ÖPNV** TaxiBus 286, 231, Haltestelle Schloss Horneburg | **Tipp** Ausgangs- und Endpunkt des Rundwegs ist das Haus Berens. In der gemütlichen Gaststätte kann man sich vor- und nachher stärken.

24 Die Mühlensammlung

Eine Wassermühle beherbergt Windmühlen

Die Nutzung von natürlichen erneuerbaren Energien ist seit Tausenden von Jahren belegt: von der Windkraft fürs Segeln bis zur Wasserkraft zum Mahlen. Noch bis Ende des 19. Jahrhunderts war das Deutsche Kaiserreich mit Wassermühlen übersät. Erst die durch die Industrialisierung stetig zunehmende Zahl an Dampfturbinen radierte die Krafträder schließlich aus der Landschaft.

Im Dinslakener Mühlenmuseum sind über 60 Wind- und Wassermühlen aus aller Welt zu sehen. Ob mit der ersten Windkraftanlage der Welt aus Dänemark, der legendären Windmühle, gegen die Don Quijote in Spanien kämpfte, oder einer horizontalen Windmühle aus Afghanistan – in maßstabsgetreuen Modellen wird hier die Geschichte der Müllerei veranschaulicht. Auch die handlichen Kaffeemühlen aus Großmutters Haushalt und verschiedene Mühle-Brettspiele gehören zum Fundus des Museums. Moderne Kunst findet hier im Rahmen von Sonderausstellungen Platz. Untergebracht ist die Mühlensammlung an einem besonderen Ort – in der Hiesfelder Wassermühle von 1693.

Die alte Mühle, bestehend aus einem Backstein- und einem Fachwerkhaus, liegt direkt am Rotbach. Mitten über den plätschernden Bach ragt das große mittelschlächtige Mühlenrad. Mittelschlächtige Wasserräder werden etwa auf Achshöhe »vom Wasser getroffen« und drehen sich daher rückwärts. Das Hiesfelder Wasserkraftrad ist allerdings nur noch sporadisch zu Anschauungszwecken aktiv.

Nachdem der Verein »Windmühle Hiesfeld e.V.« zunächst Hiesfelds Wahrzeichen, die alte Windmühle, betreute, nahm er sich im Jahr 1979 auch noch der alten Wassermühlenanlage an. Er restaurierte sie und initiierte dort das bemerkenswerte Mühlenmuseum. Natürlich ist die Hiesfelder Wassermühle hier auch als Modell vertreten. Die instand gesetzte alte Windmühle an der Sterkrader Straße mit weiteren Austellungsflächen komplettiert schließlich die Hiesfelder Mühlensammlung.

Adresse Am Freibad 5, Dinslaken-Hiesfeld, www.muehlenmuseum-dinslaken-hiesfeld.de |
Pkw A3, Ausfahrt Dinslaken-Süd, dort rechts, 2. Ampel rechts und nächste Ampel wieder
rechts bis Kreisverkehr, hier geradeaus Richtung Freibad | **ÖPNV** Bus 17, Haltestelle Bade-
anstalt | **Öffnungszeiten** So 10.30–12.30 Uhr. Der Eintritt ist frei. | **Tipp** Entlang des
Rotbachs führt eine ausgedehnte Rad- und Wanderroute.

25 — Die Lippefähre
Übersetzen mit Hand anlegen

Die Wasser der Lippe sind Göttertränen – sie entspringen aus »Odins Auge«. Zumindest wird so die acht Meter tiefe Karstquelle der Lippe im Volksmund genannt. Die Sage berichtet, der Göttervater Odin habe sein Auge herausgerissen und nach Bad Lippspringe geworfen, damit seine feuchten Tränen die trockene Sennelandschaft mit Wasser nähren und ihr blühendes Leben schenken. Bei Dorsten hat sich die Götterzähre schon längst zu dem Fluss Lippe geweitet, der dem industrialisierten Ruhrgebiet unter anderem als wichtiger Kühlwasserlieferant diente.

Seit 2005 kann hier nun wieder nach 60-jähriger Abstinenz per Schiff übergesetzt werden. Der Lippekilometer zwischen Holsterhausen und Hardt war schon lange Fährgebiet. Einst ruderte hier ein Fährmann die Bergmänner der Zeche Baldur pünktlich zu ihrer Schicht über die Lippe. Bis zu ihrer Zusammenlegung mit ihrer Nachbarzeche Fürst Leopold 1930 arbeiteten in Baldur bis zu 1.600 Bergleute. Wie in alten Zeiten kreuzt auch die heutige Fähre per Muskelkraft von Ufer zu Ufer. Stahlketten ziehen die Fähre auf die gegenüberliegende Seite. Passagiere müssen hier noch selbst Hand anlegen. Die kleine Kurbelfähre mit ihren Schwungrädern bietet bis zu acht Personen und gerade mal zwei Fahrrädern Platz. Sie ist Verbindungsglied eines gut erschlossenen Rad- und Wandernetzes und der Themenroute »Hammbach und Lippe«. Der Lohn der Kurbelmühen für naturbegeisterte Ausflügler ist die scheinbar unberührte Lippeaue, die sich hier bis nach Wesel erstreckt.

Gebaut wurde die Fähre von Auszubildenden der Bergwerke Auguste Victoria/Blumenthal und Lippe. Ihr Name – Lippefähre »Baldur« – ist dabei eine Reminiszenz an die hier einst ansässige Zeche. Doch verbirgt sich hinter ihrer Benennung mehr als nur regionale Bergbaugeschichte – sie ist auch ein Hinweis auf die nordische Mythologie. Baldur ist der Gott der Schönheit und Reinheit. Und er ist der Sohn des Odin.

Adresse Baldurstraße, Dorsten-Holsterhausen | **Pkw** A31, Ausfahrt Schermbeck, Richtung Borken/Haltern, 1. rechts auf die Borkener Straße (B224), dann rechts in die Baldurstraße | **Tipp** Wandert man an der Lippe gen Westen, stößt man nach einigen Kilometern auf die Ruine des ehemaligen Rittersitzes Hagenbeck. Eine schöne, verwitterte Burg an einer alten Lippefurt.

26 Das akustische Denkmal

Die Zeche Minister Stein und die »neue Evinger Mitte«

Seit 1987 wird in Dortmund-Eving keine Kohle mehr gefördert. Kein Bergmann war seitdem hier unter Tage. Und dennoch ertönt sie tagtäglich – montiert an der westlichen Seite der sanierten ehemaligen Schwarzkaue der Zeche Minister Stein: die Schachtglocke, die hier jahrzehntelang den Schichtwechsel beziehungsweise die Seilfahrten verkündete. In den aktiven Zeiten der Zeche waren laute Signale nötig, um eine unmissverständliche Kommunikation zu gewährleisten.

Als akustisches Denkmal erinnert die Originalsignalanlage heute an die Bergmänner und die Glanzzeiten der Zeche und Kokerei im frühen 20. Jahrhundert. Mit fast vier Millionen Tonnen Steinkohle im Jahr war sie in den 1940er Jahren die größte Zeche im Ruhrgebiet.

Die Initiative zur Installierung des Denkmals ging von der »Grubenwehrkameradschaft Minister Stein« aus – ein Zusammenschluss ehemaliger Zechenarbeiter. Seit Anfang 2003 erschallt nun das Schachtsignal viermal täglich. Um 8 Uhr, 12 Uhr, 18 Uhr und 21 Uhr, zu den Stoßzeiten der »neuen Evinger Mitte« – dem neuen, alten Herzstück Evings. Wo einst die Kohle den Alltag bestimmte und Lebensmittelpunkt der bis zu 4.000 Beschäftigten und deren Familien war, entstand zur Standortsicherung ein neues wirtschaftliches und soziales Zentrum. In den alten Zechengebäuden, die nicht der städtebaulichen Brandrodung zum Opfer fielen, entstanden modernste Bürogebäude und eine Diskothek. Der alte Hammerkopfturm ist nun mit moderner Architektur verschmolzen.

Hier im Dortmunder Norden endete 1987 mit der Schließung der Zeche Minister Stein die fast 400-jährige Steinkohlengeschichte der Stadt. Die Geschichte des Stadtteils geht jedoch weiter. Mit dem erfolgreichen Konzept der »neuen Evinger Mitte«, dem Wissenschafts- und Gewerbepark, den Kultureinrichtungen und Dienstleistungsunternehmen wurde das Viertel gelungen wiederbelebt.

Adresse Evinger Platz, Dortmund-Eving | **Pkw** A2, Ausfahrt Dortmund-Nordost, Richtung Dortmund-Eving | **ÖPNV** Bahn U41, Haltestelle Zeche Minister Stein | **Tipp** Sehenswert ist die alte Kolonie der Zeche Minister Stein rund um den Nollendorfer Platz.

27 Das Besucherbergwerk Graf Wittekind

Auf allen vieren durchs Bergwerk

Hoch auf dem Syberg wurde schon 1582 Kohle geschürft. Der Westhang des Ardeyberges ließ einfachen, nahezu horizontalen Stollenbergbau zu. Bis 1663 wurde so im Stollen Beckersches Feld Kohle zutage gefördert. Von 1740 bis 1801 ging die Zeche Schleifmühle mit weiteren Stollen in Betrieb. 1858 folgte das Bergwerk Graf Wittekind. Mit seinen drei neuen Stollen (Graf Wittekind 1–3) und der Übernahme der früheren, tiefer gelegenen Stollen der Zeche Schleifmühle (Graf Wittekind 4 und Förderstollen Graf Wittekind) förderte es bis zum Jahr 1900 Steinkohle.

Sie ist heute Deutschlands älteste zugängliche Steinkohlenzeche. Nach den Regeln des zuständigen Bergamts Recklinghausen, dass Zechen nur »in Betrieb«, »für Besucher geöffnet« oder aber »verschlossen« sein, nicht aber »dahinsiechen« dürfen, wurde in ehrenamtlicher Arbeit des »Fördervereins Bergbauhistorischer Stätten Ruhrrevier e.V.« das Bergwerk für Besucher begehbar gemacht. In mühseliger Handarbeit mit Hammer und Spitzhacke schafften die Vereinsmitglieder im Jahr 2003 den Durchbruch zwischen den Stollen Schleifmühle und dem Förderstollen Graf Wittekind. Sie sorgten so für die notwendige Fluchtschneise, eine Frischluftzirkulation und einen Rundweg. Begehbar ist das Bergwerk fast nur gebückt und auf allen vieren. Ausgerüstet mit Knieschonern, Schutzkleidung und Grubenlampen, robben und kriechen die Besucher durch die 400 Jahre alten Gänge. Dabei legen die Kleingruppen eine Strecke mit einer Gesamtlänge bis zu 260 Metern unter Tage zurück. Bei einer Höhe von nur 40 Zentimetern kann es dabei zwischendurch recht eng werden.

Wer wegen Klaustrophobie doch lieber über Tage verweilt, kann in den Hängen des Sybergs die Geschichte des Bergwerks Graf Wittekind ergründen. Der vom Casino-Parkplatz ausgehende Syberger Bergbauweg führt über Wanderwege zu Stollenmundlöchern, Schachtpingen, Kohlenziehwegen und Infotafeln.

Adresse Syburger Kirchstraße 14, Dortmund-Syburg, www.bergbauhistorischer-verein.de | **Pkw** A45, Ausfahrt Dortmund-Süd (8), Richtung Herdecke/Hohensyburg auf die B54, links in die Hohensyburger Straße | **ÖPNV** Bus 441E, 442, Haltestelle Ruhrhöhenweg, dann circa 10 Minuten Fußweg | **Öffnungszeiten** Besichtigungen nach Anmeldung am Wochenende | **Tipp** Eventuell kommt man im danebengelegenen Casino Hohensyburg schneller an Kohle.

28__ Das Big Tipi
Das größte Indianerzelt der Welt

Zwölf circa acht Tonnen schwere, geschälte und kegelförmig zusammengestellte Douglasienstämme aus dem Schwarzwald, umspannt von einer riesigen, 950 Quadratmeter großen weißen Polyesterstoffhaut – das größte Indianerzelt der Welt ragt beeindruckende 35 Meter in die Höhe. Und dies weitab jeglicher Indianerreservate auf den Hochplateaus der »Great Plains« mitten im Fredenbaumpark, Dortmunds »grüner Lunge«. Das Zelt beheimatet nicht nur einen erlebnisreichen Hochseilgarten mit mehreren Kletterelementen; seine circa 360 Quadratmeter große Innenfläche kann für Events jeglicher Art genutzt werden.

Ursprünglich für die EXPO 2000 in Hannover gebaut, wurde das Big Tipi anschließend von der Stadt Dortmund erworben, um als Aushängeschild der städtischen Kinder- und Jugendeinrichtung »Erlebniswelt Fredenbaumpark« den hohen Bäumen des Stadtparks Konkurrenz zu machen. Die vor allem für Kinder gestaltete Erlebniswelt bietet jedoch mehr als nur ein Riesen-Siouxzelt. Ein weiteres Tipidorf, diesmal in Originalgröße, diverse Sport- und Spielmöglichkeiten, ein Streichelzoo und ein Café runden das Angebot ab und machen den Park auch für die erwachsenen Häuptlinge zu einem Ort der Begegnung. Zu festen Angebotszeiten stehen pädagogische Betreuer mit Aktionen für die jungen Indianer bereit.

Der 63 Hektar große Fredenbaumpark mit seiner abwechslungsreichen Vegetation ist 1906 aus dem Westerholzer Stadtwald entstanden. Er ist mit seiner zentralen Lage nahe der nördlichen Innenstadt und seiner westlichen Grenze zum Dortmund-Ems-Kanal schon immer ein beliebter Gegenpol zum geschäftigen Treiben in der Dortmunder City gewesen. Minigolf, Grillplätze, Bootsverleih, Sportanlagen, Rosengarten – hier kommt jeder auf seine Kosten. Für Inlineskater ist eine drei Kilometer lange Rundstrecke errichtet worden. Das imposante Big Tipi ist eine ideale Ergänzung des Gesamtkonzepts im Fredenbaumpark.

Adresse Lindenhorster Straße 6, Dortmund-Innenstadt-Nord, www.bigtipi.de | Pkw A45, Ausfahrt Dortmund-Hafen (4), Richtung Huckarde, circa 5 Kilometer dem Straßenverlauf folgen, dann links in die Münsterstraße, links in die Lindenhorster Straße | ÖPNV Bahn U41, 411, Haltestelle Fredenbaum | Öffnungszeiten Mo–So 10–18 Uhr; Angebotszeiten Mi–Fr 15–18 Uhr, Sa, So 13–18 Uhr; Klettern Mi, Sa 15–18 Uhr | Tipp Sie sind nicht so hoch wie das Big Tipi, aber ihre Größe ist auch imponierend: Die Saurier im Museum für Naturkunde unweit des Fredenbaumparks auf der Münsterstraße sind einen Besuch wert.

29 Das Dortmunder U

Von der Bierbrauerkunst zum Ostwallmuseum

Vor dem damaligen westlichen Tor der Stadt, an der heutigen Rheinischen Straße, befand sich im 19. Jahrhundert noch das Brauereiviertel. Hier begann die Geschichte des Braumeisters Fritz Brinckhoff und der Union-Brauerei, die 1873 gegründet wurde. Durch einen zunächst fehlerhaften, aber schmackhaften Sud erlangte die Brauerei schnell einen nationalen Namen und überflügelte dank Herrn Brinckhoffs »zufällig entwickeltem« Gebräu die benachbarte Konkurrenz. Der Bau des Gär- und Lagerkellerhochhauses 1927 ließ die Union schließlich zur größten Brauerei Westdeutschlands expandieren. Der für damalige Verhältnisse riesige Turm war Dortmunds erstes Hochhaus, und hier setzte man neue Maßstäbe in der industriellen Bierproduktion.

1962 krönte man Dortmunds bierbrauende Vormachtstellung, indem man dem Turm das bekannte »U« aufsetzte. Der vierseitige Werbebuchstabe ist seitdem Dortmunds Wahrzeichen und von weither sichtbar. Nachdem die Brauerei durch Fusionierung 1994 nach Lütgendortmund umsiedelte, blieb lediglich der unter Denkmalschutz stehende Werbeträger auf dem Gelände erhalten. Jahrelang verfiel der Turm samt »U«. 2008 gab es endlich einen Umnutzungsplan. So entsteht seit 2010 im ehemaligen Brauereiviertel ein neues Quartier mit Bibliothek, Gastronomie und Kunstinstituten.

Bei der Sanierung des Turms wurden die Decken im Eingangsbereich teilweise eingerissen, sodass sich nun ein luftiges Foyer über sieben Stockwerke erstreckt, das die voluminösen Ausmaße der ehemaligen Bierfabrik erahnen lässt. Der Raum unterhalb des »U« wirkt durch seine sich verjüngenden Wände wie eine Kathedrale. Von ihm aus lässt sich die Dachterrasse mit lohnenswertem Panoramablick erreichen. Als neues kulturelles Zentrum beherbergt der Gärturm nun unter anderem das Ostwallmuseum mit seinen modernen Kunstwerken. Der Weg von der Bierbraukunst zur bildenden ist also gar nicht so weit.

Adresse Brinckhoffstraße, Ecke Rheinische Straße, Dortmund-Innenstadt-West, www.dortmunder-u.de | **Pkw** A40, B1 Ausfahrt Ruhrallee, Richtung Zentrum, links in den Südwall, links in die Rheinische Straße | **ÖPNV** Bahn 403, 404, Haltestelle Westentor | **Öffnungszeiten** Di, Mi 10–18 Uhr, Do, Fr 10–20 Uhr, Sa, So 11–18 Uhr, Mo geschlossen | **Tipp** Ein paar Gehminuten entfernt findet sich auf dem Königswall das imposante Gebäude der Stadt- und Landesbibliothek.

30__ Das Goldene Wunder

Eine eigene Klimazone für das Antwerpener Flügelretabel

Ein Retabel ist eine reich verzierte »rückwärtige Tafel« (lat. *retabulum*), eine ausgeschmückte Schauwand zur Gestaltung des Altarraums. Antwerpener Retabel sind besonders kostbare und ausladend gestaltete Meisterstücke.

Das Flügelretabel der Dortmunder St.-Petri-Kirche präsentiert sich im Laufe eines Jahres in drei verschiedenen Stadien. Der wohl bekannteste Zustand zeigt sich vom Erntedankfest im Herbst bis zur Karwoche im Frühling und von Ostern bis Pfingsten – das »Goldene Wunder von Westfalen«: ein Schnitzwerk mit über 633 Figuren – überzogen von feinstem Blattgold. Aufgeteilt in 36 Gefachen, wird hier der Passionsweg Jesu plastisch dargestellt.

In der Karwoche werden die Flügel geschlossen. Dann ziert die Front ein großflächiges Gemälde. Von Pfingsten bis zum Erntedankfest werden nur die äußeren der doppelwandigen Flügeltüren geöffnet. Diese dritte Phase legt die Gemäldeseite frei. Hier wird das Leben Jesu, seine Kindheits- und Familiengeschichte in 36 anmutigen Bildern wiedergegeben.

Das imposante flämische Flügelretabel wird auf das Jahr 1522 datiert und ist mit seinen Bildern, Skulpturen und Szenen das bildreichste Kunstwerk Europas und das größte bildnerische Werk der Gotik. Mit entfalteten Flügeltüren ist das Opus der St.-Petri-Kirche ganze 7,5 Meter breit und 5,6 Meter hoch und somit das größte erhaltene Antwerpener Retabel der Welt.

2008 wurde eine Glaswand bis unters Kirchendach gezogen und so dem Retabel eine schützende Klimazone geschaffen. Bei regulierter Temperatur und Luftfeuchtigkeit wird sein guter Zustand nun noch lange gewahrt. Denn zur Ergründung des Gesamtkunstwerks braucht es Zeit. Zum einen wollen die detailreichen Bildwerke und Schnitzereien genau erfasst werden. Zum anderen ist das Werk durch die drei Phasen von »geschlossen« über »erste Öffnung« bis zum »Goldenen Wunder« nur im Laufe eines Jahres vollständig zu betrachten.

Adresse St.-Petri-Kirche, Petrikirchhof 7, Dortmund-Innenstadt, www.stpetrido.de |
Pkw A40, B1 Ausfahrt Ruhrallee, Richtung Zentrum, links in den Südwall, rechts in die
Kampstraße | **ÖPNV** Bahn 403, 404, Haltestelle Kampstraße | **Öffnungszeiten** Di–Fr
12–17 Uhr, Sa 11–16 Uhr, So während Ausstellungen | **Tipp** Die St.-Petri-Kirche bietet
von Konzerten und Vorträgen bis zu Tangoabenden tolle kulturelle Veranstaltungen.

31 Der Kanalhafen

Das Hafenamt als Aushängeschild

Hier hat der Dortmund-Ems-Kanal seinen Ursprung – oder sein Ende. Angefangen hat es jedoch mit der zunehmenden Attraktivität billiger Importkohle und dem überlasteten, zum Kohletransport benötigten Schienennetz des Ruhrgebiets. Eine Entlastung über den Wasserweg musste her. 1892 begann man mit dem Bau des Kanals, der bei Kilometer 138 auf die begradigte Ems trifft. Am anderen Ende, im heutigen Stadtbezirk Innenstadt-Nord, entstand der dazugehörige Hafen, der nach diversen Ausbauten heute der größte Kanalhafen Europas ist.

Als Wahrzeichen und Aushängeschild musste ein stattliches Gebäude her – das alte Hafenamt. Noch heute thront es im Stil der Neorenaissance mit seiner gewollten Leuchtturmstatur über dem Kanalhafen. Zur Einweihung des Hafens im Jahr 1899 kam Kaiser Wilhelm II. persönlich vorbei. Ihm wurde exklusiv in der obersten Etage des Hafenamtes ein Zimmer eingerichtet. In dem heutigen am Original orientierten »Kaiserzimmer« finden nun Trauungen mit Hafenblick statt. Das alte Hafenamt selbst dient als Ausstellungsfläche und Stützpunkt der Wasserschutzpolizei und ist längst als stadtbildprägendes Baudenkmal in die Route der Industriekultur aufgenommen.

Erschließen lässt sich der sehenswerte Dortmunder Kanalhafen per Fahrgastschiff, mit dem Fahrrad, bei einer Hafenführung oder gar durch einen Fackelrundgang bei Vollmond. Der Binnenhafen mit seinen zehn Hafenbecken und einer Uferlänge von elf Kilometern hatte seine größte wirtschaftliche Bedeutung in den Nachkriegsjahren. Durch die zunehmende Nutzung des hochmodernen Containerterminals »CTD« hat er jedoch wieder an Bedeutsamkeit gewonnen. Ursprünglich für die Montanindustrie erbaut, wurden im Dortmunder Hafen hauptsächlich Eisenerz gelöscht und Kohle verschifft. Auch heute gehört die Kohle hier noch zu den Hauptumschlaggütern – allerdings als zu löschendes Importgut.

Adresse Sunderweg 130, Dortmund-Innenstadt-Nord, www.dortmunder-hafen.de | **Pkw** A45, Ausfahrt Dortmund West (42), Richtung Huckarde, dann Ausfahrt Hafen/Zentrum, links auf den Sunderweg | **ÖPNV** Bahn U47, Haltestelle Hafen | **Öffnungszeiten** Sa 14–17, So 10–13 Uhr, Führungen durch das Hafenamt, Radtouren, Kutschfahrten und Fackelführungen durch den Hafen siehe www.kulturvergnuegen.com | **Tipp** Den Sunderweg Richtung Süden folgend, stößt man auf das alte Brauereiviertel. Dort befindet sich in der Ritterstraße die Brauerei des Dortmunder Bergmann-Biers. Brauhausführungen mit Bierverköstigung werden angeboten.

32 Die Oldtimersammlung

Automobilmuseum und »schönste Garage der Welt«

Mit Jerry Cotton fing alles an. Der nach einem Filmheld getaufte Jaguar der 1960er Jahre mit seiner langen Schnauze heißt offiziell natürlich »Jaguar E-Type«. Seit der ersten Stunde des Oldiemuseums ist er mit dabei. Er war Inspiration und Initialzündung zur Gründung der wertvollen Sammlung im Jahr 1999. Der Gründer selbst ist auch kein unbeschriebenes Blatt des motorisierten Rennsports. Adolf Edler von Graeve war zwischen 1957 und 1959 Formel-1-Pilot. Aus seiner Leidenschaft zu den alten fahrbaren Schätzen entstand diese Sammlung.

Das private Vehikelkonglomerat nimmt mittlerweile beachtliche Ausmaße an. Untergebracht in einer alten Fabrik, stehen in der Ausstellungshalle bis zu 60 klassische Edelkarossen. Die Kühlerfigur »Leaper« ist dabei allgegenwärtig – Jaguar bleibt bis heute das Aushängeschild und die größte Passion des Museums. Doch stehen selbstverständlich auch alle anderen Automarken sowie »Schlitten« großer Persönlichkeiten zur Bewunderung bereit. Von einem »Benz-Patent-Motorwagen« (als originalgetreue Replik) aus der Frühgeschichte des Automobils über einen »De Dion-Bouton Vis-a-Vis« aus dem Jahr 1909. Von alten Raritäten bis zu neuzeitlichen Oldtimern. Nostalgie und Eleganz zeichnet jedes der hier ausgestellten Fahrzeuge aus. Circa 20 historische Motorräder komplettieren das Oldieensemble. Die liebevoll restaurierten und auf Hochglanz polierten Exponate mit ihren spannenden Biografien berichten auf lebendige Weise von der Geschichte des Automobils.

Thematisch bleibt man sich auch in anderen Bereichen treu. Das Gourmetrestaurant wurde nach dem klassischen italienischen Tausend-Meilen-Rennen »Mille Miglia« benannt. Frisch gezapftes Bier läuft in der »Jaguar Bar« durch einen umgebauten Jaguar-Motorblock.

Für außergewöhnliche Veranstaltungen können sowohl alte Schmuckstücke samt Chauffeur als auch die Räumlichkeiten angemietet werden.

Adresse Brandisstraße 50, Dortmund-Wellinghofen, www.oldiemuseum.de | **Pkw** A45, Ausfahrt Dortmund-Süd (8), Richtung Dortmund B54, Ausfahrt Richtung Welling-hofen/Hörde/Hombruch, über Holtbrügge, links in die Durchstraße, rechts in die Brandis-straße | **ÖPNV** Bus 442, Haltestelle Brandisstraße | **Öffnungszeiten** Di–So 12–18 Uhr. Das Restaurant hat auch nach 18 Uhr noch geöffnet. | **Tipp** Ein paar Autominuten ent-fernt befindet sich die Alte Kirche Wellinghofen. Der romanische Sakralbau hat eine bedeutsame Vergangenheit hinter sich.

33— Der Phoenix-See

Wie der Phönix aus der Asche

Was macht man mit einer alten, siechenden Industriebrache? Richtig, man trägt die alte Bausubstanz ab, buddelt ein tiefes Loch und füllt es mit Wasser auf. So ähnlich ist man zumindest mit dem Areal der alten Hermannshütte in Dortmund-Hörde verfahren. Hier wurde 150 Jahre lang Stahl gekocht und gegossen, bis man 2006 mit dem Aushub des neuen Phoenix-Sees begann. Nachdem das Bauprojekt durch Störungen jeglicher Art in die Länge gezogen worden war, konnte im Oktober 2010 endlich mit der Flutung des 24 Hektar großen Sees begonnen werden.

Doch ist das Zukunftsprojekt noch lange nicht abgeschlossen. Am nördlichen Ufer, an dem sich die renaturierte »neue« Emscher entlangwindet, entstehen Wohnungsneubauten. Der südliche Teil der Gewässerlandschaft wird sich der Naherholung widmen. Hier entstehen Liegewiesen und Sport- und Beachvolleyballanlagen. Idyllische Wanderwege und naturnahe Uferzonen umschließen das gesamte Baggerloch.

Am Westufer befindet sich bereits das Hafenviertel mit Piazza. Hier steht auch die alte Burg Hörde als neues Wahrzeichen direkt am Wasser. In ihren alten Gemäuern war seit 1840 der Verwaltungssitz der Hermannshütte untergebracht, aus der schließlich das Stahlwerk Phoenix hervorging. Hier entstand nicht nur Dortmunds erster Hochofen, auch die erste Aktiengesellschaft im Hüttenwesen des Ruhrgebiets gründete sich in Phoenix. Technisch revolutionäre Roheisenmischer und Innovationen wie das »basische Windfrischverfahren« wurden hier entwickelt und angewendet. Auf einem alten Werksgelände schließlich einen See entstehen zu lassen, war ebenso innovativ.

Seit Anfang 2011 ist der Phoenix-See, dessen Ausmaße die der Hamburger Binnenalster weit übertreffen, vollgelaufen. An ihrem tiefsten Punkt besitzt die ökologische Badewanne einen Stöpsel zur Regulierung des Wasserstandes. In nur drei Tagen könnte man den kompletten See wieder entleeren.

Adresse Herrmannstraße, Hörder Burgstraße, Dortmund-Hörde, www.phoenix-see.de | **Pkw** A40, B1 auf Märkische Straße Richtung Hörde, Beschilderung Phoenix-See folgen | **ÖPNV** Bahn U41, Haltestelle Dortmund-Hörde | **Tipp** Im Rahmen der Neunutzung des Geländes Phoenix-West entstand westlich von Hörde mit direkter Einbindung in den Westfalenpark ein hügeliges Parkgelände.

34 Die Schwebebahn
Führerlos durch die Lüfte Dortmunds

Der Begriff »Schwebebahn« ist streng genommen nicht richtig. Offiziell handelt es sich hier im Dortmunder Süden um eine Hängebahn. Dem amtlichen Namen zum Trotz schwebt die Bahn dennoch tagtäglich über die Köpfe wissensdurstiger Studenten. Sie verbindet Campus Nord und Süd der Universität sowie den Technologiepark und schafft direkte Verkehrsanbindungen an den Busbetrieb und die Deutsche Bahn.

Als sie im Mai 1983 erstmalig ihren Betrieb aufnahm, war sie das erste fahrerlose, vollautomatische Verkehrsmittel der Welt. Kontrolliert wurde und wird sie lediglich von einem Leitstand aus. Weder in den Kabinen selbst noch in ihren teilweise futuristisch anmutenden Haltestellen wird weiteres Personal benötigt. Die jeweils zwei Fahrwerke der einzelnen Großgondeln werden zu 100 Prozent mit Ökostrom aus den hiesigen Wasserkraftwerken gespeist und können die Kabine auf bis zu 50 Kilometer pro Stunde beschleunigen. Muss die rasante Fahrt in luftiger Höhe mal abgebremst werden, wird, ähnlich der Motorbremse eines Autos, die gewonnene Bremsenergie wieder ins Stromnetz der H-Bahn rückgeführt.

Ihr eingleisiges Fahrkonzept lässt jedoch keinen Gegenverkehr zu. Die Fahrkabinen werden daher jeweils an den zweigleisigen Haltestellen aneinander vorbeigeführt. Zu langen Wartezeiten kommt es deswegen nicht. Bei den schnellen Fahrten lässt sich der komplexe Uni-Campus aus der Vogelperspektive genießen.

Ursprünglich nur als uniinterne Verbindung von Campus Nord und Süd geplant, erfolgte bereits 1990 der Anschluss an den Dortmunder Nahverkehr. Mittlerweile deckt die Hängebahn ein 2,8 Kilometer langes Streckennetz ab. Ein weiterer Ausbau ist nicht ausgeschlossen, liegen die Vorteile doch auf der Hand – neben geringem Personalaufwand schwebt sie einfach über vollgestopfte Straßen und rote Ampeln hinweg und ist somit sprichwörtlich »pünktlich wie die Eisenbahn«.

Adresse Unter anderem Emil-Figge-Straße 71, Dortmund-Barop, www.h-bahn.info |
Pkw A40, B1, Ausfahrt Dortmund-Dorstfeld, Richtung Witten, 1. Straße links | **ÖPNV**
DB S1, Haltestelle Dortmund-Universität | **Öffnungszeiten** ab circa 6 Uhr im 5-Minuten-
Takt bis Betriebsschluss um circa 24 Uhr | **Tipp** Von der H-Bahn Haltestelle Eichling-
hofen ist die evangelische St.-Margareta-Kirche fußläufig erreichbar. Die schöne Hallen-
kirche besitzt noch eine alte Alberti-Orgel.

35 Das Bienenmuseum

Schwärmerei für Schwarmtiere

Jeder kennt die Biene Maja. Doch so viel Individualismus wie der Autor Waldemar Bonsels im Jahr 1912 seiner schwarz-gelben Heldin gab, gestehen sich echte Bienen nicht zu. Erst ein Bienenschwarm wird als gut funktionierender, einzelner Superorganismus, dem »Bien«, angesehen. Dabei hat er eine erstaunliche funktionale Ähnlichkeit mit dem Organismus von Wirbeltieren. Vergleichbar mit den spezialisierten Zellen eines Körpers, organisiert ein Bienenstaat seine Individuen. Er ist somit mehr als nur die Summe seiner Einzeltiere.

Diesen Lebewesen wurde am westlichsten Rand Duisburgs ein eigenes Museum eingerichtet. Es besteht bereits seit 1959 und wird vom Kreisimkerverband Duisburg betreut. Von der Bienenzucht bis zum originären Leben, von Kerzenwachs- bis Honigherstellung – hier wird alles vermittelt, was es über die kleinen Hautflügler zu wissen gibt. Ein Filmarchiv informiert über die Geschichte der Imkerei. An einem Schauvolk wird der Superorganismus »Bien« direkt erfahr- und erklärbar. Im angrenzenden Bienengarten sind bevorzugte Nahrungsquellen angepflanzt.

Für Nahstudien und eingehende Untersuchungen stehen im Bienenmuseum Mikroskope bereit – schließlich wird hier nicht nur ausgestellt, sondern auch geforscht: Imkerlehrgänge und Schulungsveranstaltungen werden angeboten. Hier erfährt man auch, wie Propolis (Bienenharz) unter anderem in der Medizin Verwendung findet. Zahlreiche Exponate stehen im Mittelpunkt der Ausstellung: große Honigschleudern, Korbbeuten (Bienenbehausungen), alte Wachspressen und sämtliche Imkerwerkzeuge, angefangen von der Schutzkleidung bis zu Räuchergeräten.

Ob Rundtänze, die auf bienenstocknahes Futter weisen, oder Schwänzeltänze, die entfernte Nahrung kundtun – an Schautafeln wird erklärt, zu welch ausgeklügelter Kommunikation ein »Bien« fähig ist. Modellwohnungen von Hummeln, Wespen und Co. komplettieren die Sammlung des Bienenmuseums.

Adresse Kirchfeldstraße 3, Duisburg-Rumeln-Kaldenhausen, www.bienenmuseumduisburg.de | **Pkw** A40, Ausfahrt Moers-Zentrum (9), rechts in die Düsseldorfer Straße, links in die Rathausallee, links in die Kirchfeldstraße | **ÖPNV** Bus 923, Schnellbus 80 und 42, Haltestelle Rumeln Rathaus | **Öffnungszeiten** Mi–Sa 15–18 Uhr | **Tipp** Am nahe gelegenen Toeppersee befindet sich eine Wasserskianlage. Unbedingt mal ausprobieren.

36 — Das Dichterviertel

Ein rotes Viertel kämpft gegen sein Image

Als Sohn reicher Eltern plagten Johann Wolfgang von Goethe Zeit seines Lebens keinerlei finanzielle Nöte. Rund um den nach ihm benannten Goetheplatz im Duisburger Norden sieht die monetäre Situation der Anwohner jedoch anders aus. Obermarxloh gilt als sozialer Brennpunkt. Fast die Hälfte des Stadtteils ist eine ehemalige Arbeitersiedlung – das Dichterviertel.

Zwischen 1900 und 1914 fing es an. In dieser Zeit wurde das Viertel von Thyssen als Bergmannskolonie errichtet. Die eng stehenden Gebäude wurden in Bettenburgmanier hochgezogen. Die Innenhöfe, die als Nutzgärten dienen sollten, waren für damalige Verhältnisse spartanisch bemessen, und auch sonst legte man scheinbar nicht viel Wert auf eine ausgereifte Infrastruktur. Noch jahrelang fehlte die Kanalisation. Ausgebaute Straßen und Bürgersteige gab es nicht. Dennoch war das Dichterviertel die größte zusammenhängende Arbeitersiedlung Duisburgs.

Hier loderte lange das Feuer der KPD. Mit bis zu 80 Prozent der Wählerstimmen und einer scheinbar organisierten Untergrundtätigkeit vermutete die NSDAP hier den Sitz der illegalen Bezirksleitung der Kommunistischen Partei. Trotz brutalster Zerschlagungen formierte sich der Widerstand immer wieder neu. Kurt Spindler, KPD-Stadtverordneter in Hamborn und mutmaßlicher roter Rädelsführer, wurde schließlich in ein KZ deportiert, in dem er 1943 verhungerte.

Trotz seiner rebellischen Vergangenheit hat das Viertel einen schlechten Stand. Dem ehrlosen Image und den Wohnungsleerständen versucht man, mit moderaten Mieten entgegenzuwirken, um die, für heutige Verhältnisse, großzügigen Innenhöfe wiederzubeleben. Durch die Neubebauung der im Krieg frei gewordenen Räume ist nun ein sehenswertes Fassadensammelsurium entstanden. Seinen Namen verdankt das Dichterviertel übrigens seinen Straßen. Diese sind, mit Ausnahme der Kurt-Spindler-Straße, alle nach bekannten Poeten benannt.

Adresse rund um den Goetheplatz, Duisburg-Obermarxloh | **Pkw** A42, Ausfahrt Duisburg-Neumühl (7), Richtung Meiderich, der Duisburger Straße folgen, rechts in die Goethestraße | **ÖPNV** Bus 903, Haltestelle Hamborn Rathaus | **Tipp** Das alte, unter Denkmalschutz stehende Hamborner Rathaus sollte man sich bei der Gelegenheit nicht entgehen lassen.

37__Die Five Boats

Der Innenhafen als Trockendock außergewöhnlicher Architektur

Fünf stählernen Booten gleich stehen sie am Kai des Duisburger Innenhafens und verbreiten maritimes Flair. Die schiffsförmigen Gebäude bilden eine in sich geschlossene Einheit. Als baugleiche Bürogebäude sind sie am Heck durch Versorgungstrakte miteinander verbunden. Ihre Bugs ragen dabei an den Uferdamm des Innenhafens und ermöglichen so von nahezu jedem Büro einen Blick über das Wasser.

Sämtliche Sehenswürdigkeiten des Hafens lassen sich von hier überblicken. Die Mühlengebäude und Getreidespeicher, die den Duisburger Innenhafen einst zum »Brotkorb des Ruhrgebiets« machten, bilden dabei einen nostalgischen Kontrast zur modernen und innovativen Architektur der »Five Boats«. Nachdem der Hafen in den 1960er Jahren an wirtschaftlicher Bedeutung verloren hatte, erfuhr er im Rahmen der Internationalen Bauausstellung Emscher (IBA seit 1989) eine grundlegende Umnutzung. Die Bereiche Wohnen, Kultur, Freizeit und Arbeit sollten vereint werden. Die historischen Gebäude wurden bewusst erhalten und in das neue Konzept integriert. Beginnend an der bekannten Schwanentorbrücke, verbinden sich heute im Innenhafen Museen, Wohnviertel, Erlebnisstätten und Dienstleistungsunternehmen zu einem lebenswerten und kulturell erschlossenen Stadtquartier.

Das leicht aufgefächerte Ensemble der »Five Boats« mit seinen voll verglasten Fronten ist dabei nur eine der spektakulären Neubauten. Auch ein gigantischer Katamaran ankert am Nordufer – der gläserne Bürokomplex greift ebenfalls die maritime Atmosphäre des Innenhafens architektonisch auf.

Die fünf Boote des Stararchitekten Nicholas Grimshaw strahlen seit 2004 tagsüber eine markante Erhabenheit aus. Abends verwandeln sich ihre Verbindungstrakte zu einer LED-Landschaft. Dann tauchen die 660 Quadratmeter großen Leuchtflächen den Innenhafen in ein stimmungsvolles Licht und sorgen für eine farbliche Akzentuierung der bedeutsamen Baudenkmäler.

Adresse Schifferstraße 92–102, Duisburg-Kasslerfeld | **Pkw** A59, Ausfahrt Duissern, über die Kardinal-Galen-Straße rechts in den Philosophenweg | **ÖPNV** Bahn 901, Haltestelle Rathaus, oder Bus 934, Haltestelle Hansegracht | **Tipp** Ein Highlight im Innenhafen ist das alljährliche Drachenbootrennen im Juni. www.drachenboot-duisburg.de

38__ Der Garten der Erinnerung

Eine Rückblende in alte Getreidezeiten

Der Masterplan des Duisburger Innenhafens sah unter anderem vor, das einst abgeschottete Gewerbeareal zur Innenstadt hin zu öffnen. Grünflächen sollten eine fußläufige Verbindung zwischen City und Hafenwasser herstellen. Im Rahmen dieser Maßnahmen entstand der Altstadtpark – der »Garten der Erinnerung«. Alte Hafengebäude wurden eingerissen und durch künstlerische Grünflächen ersetzt. Die alten Gebäude sind aber nicht vergessen. Zwei alte Treppenhäuser der Gewerbehäuser wurden bewusst stehen gelassen. Teilweise mit Bäumen bepflanzt, bilden sie so Aussichtstürme, von denen sich die Gartenanlage und der Innenhafen überblicken lassen. Im Rasen eingelassene weiße Betonmauern erinnern an die alten Gebäudeumrisse. Auch der Schutt der abgebrochenen Häuser wurde genutzt. Der Philosophenweg als zentrale Ost-West-Achse setzt sich mosaikartig aus ihm zusammen – größere Trümmerreste wurden zu Steinlandschaften zusammengetragen.

Gestaltet wurde der Altstadtpark 1999 von dem israelischen Land-Art-Künstler Dani Karavan. Durch zusätzliche Pflanzungen von Getreidefeldern und der zentralen Positionierung einer Getreidewaage frischt er das Gedächtnis an die Bedeutung des Innenhafens als ehemalige Kornkammer des Ruhrgebiets auf. Abends erhellt eine Lichtinstallation den Park.

Wie aufgefächerte Buchseiten ragen die fünf geschwungenen, unverputzten Torbögen des jüdischen Gemeindezentrums in den Garten – ein weiteres Erinnerungsstück Duisburger Kulturgeschichte. Von hier weist eine Wasserrinne zum alten Standort der in der Reichspogromnacht zerstörten Synagoge. Doch auch am westlichen Teil der großzügigen Parkanlage wird der alten Zeiten gedacht. Hier grenzt der Altstadtpark an die betagte Duisburger Stadtmauer mit dem Koblenzer Tor. Duisburgs gemauerter Schutzwall ist eine der ältesten noch erhaltenen Stadtbegrenzungen Deutschlands und somit von besonderer Bedeutung.

Adresse Philosophenweg, Duisburg-Altstadt | **Pkw** A59, Ausfahrt Duisburg-Duissern, auf Kardinal-Galen-Straße Richtung Zentrum, beim Philosophenweg rechts | **ÖPNV** Bahn 901, Haltestelle Rathaus, oder Bus 934, Haltestelle Hansegracht | **Tipp** Folgt man der alten Stadtmauer nach Westen, stößt man auf das sehenswerte alte Rathaus. Hier steht auch der Mercatorbrunnen (siehe Seite 92).

39 Der Hebeturm

Das monumentale Relikt des einstigen Trajekts

Wie ein wehrhafter Bergfried ragt er über den Stadtteil Homberg. Der monumentale Turm des einstigen »Trajekts Ruhrort-Homberg« ist längst zum imposanten Wahrzeichen des linksrheinischen Bezirks Duisburgs geworden.

Trajekte waren Eisenbahnfähren. Schon 1851 wurden hier per Seilwinden Güterwaggons über steile Rampen auf spezielle Fähren hinuntergelassen, um eine Versorgung der linksrheinischen Industrie mit Kohle und Ruhrgebietsexportgütern zu sichern.

Die strategische Bedeutung des Rheins war dem preußischen Militär sehr wohl bekannt – Rheinbrücken wurden nur in den Garnisonsstädten Düsseldorf, Köln, Koblenz und Mainz geduldet. Doch war die Trajektierung mittels Rampen zeitraubend, und man stieß bereits 1855 auf die logistische Grenze von knapp 30.000 Waggons pro Jahr. Die Lösung fand man im Ausland. Britische Ingenieure errichteten 1856 in Homberg und im rechtsrheinischen Ruhrort die prachtvollen, 30 Meter hohen Hebetürme. Mit ihnen konnten die Waggons wesentlich schneller auf das Wasserniveau des Rheins gesenkt, auf eigens gebaute, größere »Raddampfer« geladen und wieder gelöscht werden. Die eindrucksvollen Hebetürme wurden aber nur kurze Zeit als technische Meisterwerke gefeiert. Kaum hatte das Militär 1869 unter strengen Auflagen, wie zum Beispiel verminte Brückenpfeiler, Wehrtürme und patrouillierende Kanonenboote, das »Brückenverbot« gelockert, streckten sich die ersten Eisenbahnbrücken in Duisburg über den Rhein und übernahmen die Versorgung der westlichen Lande. Bereits 1885 wurde daher die Trajektierung eingestellt.

1971 wurde der baufällige Hebeturm in Duisburg-Ruhrort abgerissen. Verblieben ist sein einsamer, standhafterer Zwilling am westlichen Ufer im alten Eisenbahnhafen. Er zeugt noch heute würdevoll von seiner einstigen Aufgabe und dem dadurch hinterlassenen Erbe, das diesseitige Rheinufer wirtschaftlich urbar gemacht zu haben.

Adresse Rheinanlagen, Duisburg-Homberg | **Pkw** A40, Ausfahrt Duisburg-Homberg (11), links in die Duisburger Straße, rechts in die Moerser Straße, links in die Friedrich-straße | **ÖPNV** Bus 911, 925, Haltestelle Goetheplatz | **Tipp** Fährt man über die Friedrich-Ebert-Brücke (der Grund für den Untergang des Trajekts), sichtet man die vom preußischen Militär geforderten wehrhaften Brückentürme am anderen Ufer. Nun ist man in Ruhrort, kulturelle Vielfalt, wohin man schaut.

40 Die Liebfrauenkirche

Gefaltete Fensterfronten aus dem Vatikan-Pavillon

Einst ragte der Kirchturm der Liebfrauenkirche 100 Meter in die Höhe. Der Zweite Weltkrieg beendete 1942 das Dasein der Kirche an der Brüderstraße. 1958 bis 1960 wurde sie von dem Architekten Toni Hermanns wieder aufgebaut, diesmal ohne hohen Turm und an ihrem heutigen Standort circa 800 Meter weiter östlich. Ihr schlichter Bau orientiert sich am »Béton brut«. Bei dem Baustil der 1960er Jahre stand unter anderem der »rohe, unbearbeitete« (französisch »brut«) Beton im Mittelpunkt.

Doch hier entstand kein Betonklotz, sondern ein eleganter Kirchenbau mit großflächigen Fensterseiten. Die kubische Außenfläche ist einheitlich mit Schieferplatten gestaltet – die Vorderfront von dem Steinrelief »Brennender Dornbusch« des Bildhauers K. H. Türk komplettiert. Ungewöhnlich ist auch die zweigeschossige Bauweise der Kirche.

Ebenerdig finden sich, neben der offenen Vorhalle, die heute als »Citypastoral« genutzte Anbetungskirche und die Marienkapelle. Über eine großzügige Treppe wird der lichtdurchflutete, dreischiffige Kirchensaal im Obergeschoss erschlossen. Interessant und eindrucksvoll sind die riesigen gefalteten Plexiglaswände, die die Seitenfronten voll ausfüllen. Sie tauchen die Kirche in ein atmosphärisches Licht. 1958 waren sie noch Bestandteil des Vatikan-Pavillons der Weltausstellung in Brüssel und wurden schließlich für die Liebfrauenkirche erworben. Die beiden eher unauffälligen kleinen Seitenschiffe und der höhlenartige Altarraum bilden mit ihrer Lichtarmut, unterstützt durch geschwärzte Wände, einen Kontrast zum hellen Hauptschiff.

Mittlerweile öffnet die Liebfrauenkirche ihr Portal für kulturelle Veranstaltungen und Ausstellungen. Umgeben vom Land- und Amtsgericht, dem Stadttheater und dem Casino Duisburg am König-Heinrich-Platz, beherbergt sie Duisburgs älteste katholische Gemeinde.

Adresse Landfermannstraße 3, Duisburg-Stadtmitte, www.nightfever-duisburg.de |
Pkw A59, Ausfahrt Duisburg-Duissern (10,) Richtung Kardinal-Galen-Straße/Zentrum,
links auf die Moselstraße | **ÖPNV** Bahn U79, 901, 903, Haltestelle König-Heinrich-Platz |
Tipp Im Duisburger Casino herrscht eine lockere Kleiderordnung. Mit einem vor Ort zu
leihenden Sakko lässt sich der fantastische Innenraum entdecken.

41 Der Matena-Tunnel

Das marode Bindeglied zum Alsumer Berg

Hier ist Klischee noch Realität. Hier ist das Ruhrgebiet noch die schmuddelige Industrielandschaft, die großzügig alle Vorurteile bedient. Am Rande der Bruckhausener Kaiser-Wilhelm-Straße tut sich nämlich ein riesiges Industriegelände auf. Die ThyssenKrupp Steel AG unterhält hier noch eins ihrer Stahlwerke. Dabei sitzt der beschauliche Stadtteil Bruckhausen regelrecht in der Klemme. Nach Westen und Norden durch das Stahlwerk und nach Süden und Osten durch die A42 und A3 ist er von der restlichen Stadt abgetrennt. Die Flucht muss man bekanntlich nach vorn antreten – in diesem Fall gen Westen. Und zwar genau unter dem Hochofenwerk hindurch.

Bereits 1911 führte man hier den Matena-Tunnel unter die Fabrik und verband so Bruckhausen mit Alsum. Heute besticht die circa 400 Meter lange Betonröhre durch ihren maroden Charme. Aus dem aufbrechenden Asphalt lugen alte Pflastersteine, die einst gefliesten Wände häuten sich. Früher fuhr hier eine Straßenbahn. Heute dominieren die Leuchtstoffröhren das irgendwie sympathische Grau in Grau. Genutzt wird der Matena-Tunnel noch immer als Fußgänger- und Autounterführung. Dabei windet sich der Fußweg für ein kleines Teilstück separat um einen dicken Pfeiler unter der mächtigen Stahlindustrie hindurch.

Der Kurvenreichtum verleiht dem Straßenkanal eine unüberschaubare Länge. Sieht man schließlich Licht am Ende des Tunnels, ist dies auch wörtlich zu verstehen. Dort, wo die Matena- schließlich auf die Alsumer Straße trifft, löst sich die Industrie in eine grüne Hügellandschaft auf. Hier ist der Kriegsschutt der zerstörten Fischersiedlung Alsum zu einer renaturierten, begehbaren Halde aufgeschüttet worden.

Der Klischeehaftigkeit hat der Tunnel auch seinen Ruhm zu verdanken, der ihn zum Kultobjekt vieler Krimifans machte. Horst Schimanski nutzte den Tunnel Dutzende Male für rasante Autofahrten.

Adresse Matenastraße, Duisburg-Bruckhausen | **Pkw** A42, Ausfahrt Duisburg-Beek (5), Richtung Bruckhausen, von der Alsumer Straße rechts auf die Matenastraße | **ÖPNV** Bahn 901, Haltestelle Matenastraße | **Tipp** Östlich des Tunnels liegt fußläufig der Wilhelmplatz. Er ist von Häusern mit außergewöhnlichen Fassaden gesäumt.

42 Der Mercatorbrunnen

Gerhard de Kremer und sein nautisches Andenken

Wäre die Erde eine Scheibe – die Kartografie wäre so einfach. Doch sie ist nach aktuellstem Forschungsstand nun mal rund, und die Kartografen dieser Welt haben ihre liebe Mühe damit. Will man nämlich Kugeln auf zweidimensionale Ebenen projizieren, kommt es zwangsläufig zu Verzerrungen und gerade bei der nautischen Navigation somit zu Problemen. Doch zum Glück gab es Gerhard de Kremer. Da der flämische Allerweltsname de Kremer nicht den gewünschten ruhmreichen Klang besaß und es gerade dem Zeitgeist des 16. Jahrhunderts entsprach, seinen Namen zu latinisieren, nannte er sich fortan Mercator.

Gerhard Mercator also entwickelte in seiner Duisburger Werkstatt die Mercator-Projektion. 1569 schuf er sein Meisterwerk »Nova et aucta orbis terræ descriptio ad usum navigantium emendate accomodata« (»Neue und vergrößerte Erdkarte, zum Gebrauch für Seefahrer verbessert und eingerichtet«) – die große Seekarte war die erste mit winkeltreuer Projektion und revolutionierte und vereinfachte das Navigieren.

Zum 300. Jahrestag der Kartenveröffentlichung sollte ihm ein Denkmal gesetzt werden – der Mercatorbrunnen. Zwar verzögerte der Deutsch-Französische Krieg 1870/71 die Fertigstellung, seit 1878 steht aber nun ein 2,5 Meter hoher Kartograf mit stolzer Brust und in Stein gehauen auf dem Duisburger Burgplatz. Das sandsteinerne Abbild Gerhard de Kremers thront dabei auf einem ebenso beeindruckenden, fast vier Meter hohen und von dicken Säulen gestemmten Sockel. Zwischen den Säulen des historischen Brunnens lugen fischförmige Wasserspeier heraus und versorgen das große Becken mit Wasser. In den Ecken des Sockels sitzen Mercator vier puttenartige Kinder zu Füßen. Sie symbolisieren mit den in ihren Händen gehaltenen Gegenständen die Schifffahrt (Anker), die Wissenschaft (Buch), den Handel (Merkurstab) und die Industrie (Zahnrad).

Adresse Burgplatz, Duisburg-Altstadt | **Pkw** A40, Ausfahrt Duisburg-Häfen, Richtung Duisburg-Hochfeld/Zentrum, hinter der Brücke links in die Steinsche Gasse | **ÖPNV** Bahn 901, Haltestelle Rathaus | **Tipp** Die vom Duisburger Burgplatz aus zu erreichende Einkaufs- und Flaniermeile, die Königstraße, bildet eine ganze Brunnenallee. Bekanntester Vertreter ist der »Lifesaver-Brunnen« von Niki de Saint Phalle.

43__ Der Museumsdampfer

Einst versenkt – nun der Letzte seiner Art

Der letzte erhaltene Rheinraddampfer »Oscar Huber« ist ein Duisburger Original. Erbaut wurde er im Jahr 1922 auf der Werft Ewald Berninghaus in Duisburg-Ruhrort. Von dort befuhr er 40 Jahre lang den Rhein zwischen Basel und Rotterdam. Mit seinen 1.550 PS konnte er einen Schleppverband mit sieben antriebslosen Frachtkähnen bis 6.000 Tonnen hinter sich herziehen und die Städte und Häfen am Rhein mit Gütern versorgen. Seitenraddampfer entsprachen dem damaligen Stand der Technik und waren bis Anfang der 1960er Jahre weitverbreitet, ehe sie von moderneren, leistungsfähigeren Dieselschiffen abgelöst wurden.

»Oscar Huber« mit seiner 15 Mann starken Besatzung kann mit einer spektakulären Geschichte aufwarten. 1945 wurde von der deutschen Wehrmacht die kontrollierte Versenkung des Schiffs befohlen. Doch die Spitzen der sonst 9,10 Meter in die Höhe ragenden Schornsteine der kohlebetriebenen Kolbendampfmaschinen ragten nur knapp ein Jahr bei Oberwesel aus dem Rhein. 1946 wurde der leicht beschädigte Dampfer wieder gehoben, und nach einem kurzen Dockaufenthalt stach er 1947 wieder in »See«. Im Jahr 1955 erfolgte die Umrüstung von Kohle auf den rentableren Heizölantrieb. Der letzte Schleppeinsatz erfolgte 1966. Die Verschrottung konnte durch den »Verein zur Erhaltung des Radschleppdampfers Oscar Huber e.V. Duisburg-Ruhrort« abgewendet werden. Als Letzter seiner Art wurde er zu einem Passagierschiff umgerüstet und ging 1971 in den Besitz der Stadt Duisburg über.

Seit 1973 dient er nun, im Vinckekanal liegend, als Schifffahrtsmuseum. Seine beeindruckende Länge von 75 Metern und der nostalgische Charme der 1920er Jahre machen ihn zu einem außergewöhnlichen Blickfang. Neben Informationen zur Technologie des frühen 20. Jahrhunderts mit seinen Kessel- und Maschinenräumen bieten die Ausstellungsräume Einblicke in das spannende Leben an Deck eines Rheindampfers.

Adresse Vinckekanal, Leinpfad, Duisburg-Ruhrort, www.binnenschifffahrtsmuseum.de |
Pkw A40, Ausfahrt Duisburg-Häfen (12), Richtung Ruhrort | **ÖPNV** Bahn 901, Halte-
stelle Karlstraße | **Öffnungszeiten** nur in den Sommermonaten geöffnet | **Tipp** Das
»Museum der Deutschen Binnenschifffahrt« ist fußläufig zu erreichen. Von »Oscar Huber«
aus ist es auch nicht weit zur »Schifferbörse«, einem Szenelokal.

44 Der Spaghettiknoten

Sonore Idylle zwischen Flüsterasphalt

Kreuz Kaiserberg. Anschlussstelle zwischen A40 und A3. Betrachtet man das Autobahnkreuz aus der Vogelperspektive, könnte man meinen, der Bauingenieur habe sich in abstrakter Kunst versucht und Reißbrett mit Staffelei vertauscht. Nicht etwa die typische Kleeblattform, wie man sie von einem Autobahnkreuz kennt, sondern eine scheinbar wild wachsende Straßen- und Brückenkomposition verwickelt hier die zwei Autobahnen. Eben ein wirrer Spaghettiknoten. Als in den 1970er Jahren der komplexe Verkehrsknotenpunkt entstand, machten die hier spitzwinklig zulaufenden Schnellstraßen und die von Süd nach Nord laufende Bahntrasse diese unkonventionelle Lösung am Kaiserberg erforderlich. Nun prägen insgesamt 17 verschiedene Brücken die Landschaft um das Autobahnkreuz.

Doch der Eindruck des lebensverneinenden Kosmos' aus Stahl, Beton und Verkehrslärm täuscht. Der scheinbar unurbane Zwischenraum von Leitplanke, Flüsterasphalt und hetzenden Karosserien birgt erstaunlich viel Leben. Zwischen der Brückenszenerie und der von Norden abgrenzenden Ruhr findet sich eine kleine, idyllische Siedlung – Werthacker. Abgeschieden und isoliert vom restlichen Duisburg, hat sich hier eine dörfliche Gemeinschaft mit malerischen Einfamilienhäusern gebildet. Nur der direkt an der A40 gelegene, kurz ins Blickfeld vorbeifahrender Autobahnnutzer geratende Hochbunker zeugt von Werthackers Existenz. Fußwege direkt hinter den Leitplanken erschließen den gesamten Spaghettiknoten.

Weitere Zeugen zivilisierten Seins zwischen den Verbindungsrampen: ein Ponyhof, eine Schrebergartenanlage und ein Anglerrevier. Der bekannteste Vertreter vielfältigen Lebens rund um das Kreuz ist sicherlich der Duisburger Zoo. Seine Brücke über die A3 ist legendär. Das Werbeverbot an Autobahnen ist durch buchstabenförmig wachsende Hecken geschickt umgangen worden. Wenn Werbung immer so naturnah gestaltet wird, bitte mehr davon.

Adresse Werthacker und Schwiesenkamp, Duisburg-Werthacker | **Pkw** A40, Ausfahrt Duisburg-Kaiserberg (14), Richtung Kaiserberg auf die Carl-Benz-Straße, links auf den Ruhrdeich, links liegt Werthacker | **ÖPNV** Bus 944, Haltestelle Werthacker | **Tipp** »Delikatfisch Braun« (Schwiesenkamp 80) bietet nicht nur ein großes Angelrevier und die »beste Räucherforelle der Welt« nach eigenem Räucherpatent. Die Anlage wurde wie ein kleines Wasserschloss gestaltet und ist architektonisch äußerst reizvoll.

45 Der Tauchgasometer
Künstliche Unterwasserwelt in alter Industrieanlage

Einst wurden im Duisburger Teleskopgasometer Kokerei- und Gichtgase gespeichert. Mit der Schließung der »Rheinischen Stahlwerke zu Meiderich bei Ruhrort« 1985 sind diese jedoch längst versiecht. Das dazugehörige, eher kleine Hüttenwerk ist heute als »Landschaftspark Duisburg-Nord« bekannt. Eine Flutung des Gasometers für Sporttaucher passte genau ins Konzept des 1993 der Öffentlichkeit vorgestellten Parks – entwickelt als Nassgasometer, verfügte er eh schon immer über Wassertanks.

Das 45 Meter umfassende Bassin mit künstlichen Riffs, versenkten Schiffs- und Flugzeugwracks, rostenden Autos und vielem mehr ist nun ein Paradies für Unterwasserforscher und Tiefenrauschsüchtige. Mit 21 Millionen Litern Wasser ist es dabei das größte Indoor-Tauchbecken Europas. Durch verzweigte Unterwasserrohrsysteme ist sogar eine Höhlentauchausbildung möglich. Die in dem dunklen Becken eingelassenen Leuchtstrahler tauchen die stählerne Gaswanne des Landschaftsparks in eine mystische Atmosphäre und ermöglichen den Tauchern ein Navigieren ohne Unterwasserlampe – Sonnenlicht gibt es im Gasometer schließlich nicht.

Das Tauchrevier des Vereins »Taucher im Nordpark Duisburg e.V.« erstreckt sich jedoch über die gesamte Parkanlage. Die beiden Rundklärbecken mit Durchmessern von jeweils circa 35 Metern werden im Winter zum Eistauchen genutzt. Die gefluteten Möller- und Erzbunker unterhalb der Hochöfen sind zwar nichts für Klaustrophobiker, schaffen aber eine einmalige Unterwasserwelt, die einen in die Zeit der Verhüttung zurückversetzt – hier ist noch nichts demontiert worden.

Auch wagemutigen Tauchanfängern ist der nasse Kosmos des Tauchgasometers zugänglich. Über verschiedene Unterwasserebenen kann man sich langsam in den 13 Meter tiefen Gasometer hinabtasten. Mit seiner heutigen Nutzung bleibt er seiner Bezeichnung als Nassgasometer weiterhin treu.

Adresse Emscherstraße 71, Duisburg-Meiderich, www.tauchrevier-gasometer.de | **Pkw** A42, Ausfahrt Duisburg-Neumühl (7), rechts auf B8 Richtung Duisburg-Obermeiderich, rechts in die Emscherstraße, der Beschilderung Landschaftspark folgen | **ÖPNV** Bahn 903, 902, Haltestelle Landschaftspark-Nord | **Öffnungszeiten** bitte der Homepage entnehmen | **Tipp** Spektakulär ist der Hochseilgarten inmitten der alten Industriedenkmäler des Landschaftsparks.

46 Das Tausendfensterhaus

Ehemaliges Finanzamt mit viel Durchblick

Haus Ruhrort – so heißt es offiziell. Besser bekannt ist es aber unter dem Namen Tausendfensterhaus. Von Duisburg über die Karl-Lehr-Brücke kommend, begrüßt der imposante Bau die Passanten. Als eines der Wahrzeichen des Hafenstadtteils wird er auch als das »Tor zu Ruhrort« bezeichnet.

Das Tausendfensterhaus steht zwischen Werfthafen und Vinckekanal auf altem Hafengebiet. Noch um 1900 war hier ein ovales Schifffahrtsbecken – der Inselhafen. 1914 wurde dieser wegen der Neustrukturierung des Hafens teilweise zugeschüttet und der Vinckekanal gebaut. Der heutige Werfthafen ist ein verbliebenes Rudiment und zeugt mit seiner deutlichen Krümmung noch heute von dem damaligen ringförmigen Ankerplatz, auf dem das Haus Ruhrort nun steht.

Erbaut wurde das Tausendfensterhaus 1924 vom Düsseldorfer Architekten Heinrich Blecken. Der außergewöhnliche Backsteinexpressionismus sollte durchaus eine Botschaft vermitteln. Er demonstrierte eindrucksvoll die wirtschaftliche Stärke und die Bedeutung der hiesigen Montanindustrie – der Monumentalbau war Verwaltungssitz der »Rheinischen Stahlwerke AG«.

Die Kombination aus rotem Backstein mit zahlreichen einheitlichen Fensterreihen verleiht dem Haus Ruhrort bis heute seine schlichte Eleganz. Einst hatte der Backsteinkoloss drei offene Innenhöfe. Im Laufe von Renovierungsarbeiten wurden diese mit Glasdächern vor Wind und Wetter geschützt. Mit dem Zusammenschluss zu den »Vereinigten Stahlwerken« mit Sitz in Düsseldorf verlor man ab 1928 das Interesse an dem Haus als Konzernzentrum. So quartierte sich zunächst über viele Jahre das Finanzamt ein. Schließlich erwarb die Haus-Ruhrort-Gesellschaft 1992 den denkmalgeschützten Bau. Sie sanierte das Monument und verpachtet es bis heute als Büro- und Dienstleistungsgebäude.

Trotz seiner dominierenden Fensterreihen trägt das Tausendfensterhaus seinen Namen zu Unrecht – es hat nur knapp über 500.

Adresse Ruhrorter Straße 187, Duisburg-Ruhrort | **Pkw** A40, Ausfahrt Duisburg-Häfen
(12), Richtung Ruhrort | **ÖPNV** Bahn 901, Haltestelle Tausendfensterhaus | **Tipp** Der
ehemals größte Binnenhafen der Welt kann partiell erkundet werden. Die Vinckekanal-
promenade lädt zum Flanieren ein.

47 Die Kluterthöhle

Die Wiege der Speläotherapie

Wer hier unter Tage fährt, kommt nicht rußgeschwärzt wieder ans Tageslicht. Stollen und Gänge wurden nicht geteuft oder gegraben. Die faszinierende Untertagewelt am südlichsten Rand des Ruhrgebiets hat eine viel ältere Vergangenheit als der Bergbau.

Vor rund 370 Millionen Jahren (Mitteldevon) war Nordrhein-Westfalen noch ein großes Urzeitmeer. Die Klutert'sche Felsspalte lag noch unter Wasser, und das darin eingeschlossene Kalkgestein wurde einfach herausgewaschen. Nachdem sich der Fels tektonisch anhob, floss das Wasser ab. Was sich einst aus dem Urzeitmeer erhob, ist nun Teil des rechtsrheinischen Schiefergebirges – der Klutertberg. Von ihm genießt man eine herrliche Aussicht. Das Ennepetal liegt einem hier zu Füßen. Doch nur einige Meter tiefer, unter der Bergoberfläche, dominieren verschachtelte Gänge und Dunkelheit. In der größten Höhle Nordrhein-Westfalens mit ihren vielen Verzweigungen (circa 360 Gänge) und über fünf Kilometer in den Berg dringenden Steinpfaden gibt es Fesselndes zu sehen: unterirdische Seen, Bachläufe, Sinterstrukturen. Die Kluterthöhle mit ihren zahlreichen Fledermäusen und Grottenolmen bildet dabei ein unterirdisches Naturschutzgebiet. Daher sind auch nur etwa 700 Meter der riesigen Höhle für Besucher erschlossen. Der Rest bleibt Höhlenforschern und der Natur vorbehalten.

Bereits seit 1884 ist die Kluterthöhle, die auch eine der größten Schauhöhlen Europas ist, öffentlich zugänglich. In den Kriegen wurden die unterirdischen Hallen als Schutzbunker genutzt. Dabei bemerkten Asthmatiker ihre verbesserte Atmung und bauten die Höhle zu einem anerkannten Speläotherapiezentrum aus. Die Heil- und Klimahöhle mit ihrer nachgewiesenen Heilkraft ist nun unter anderem Mitglied im deutschen Heilbäderverband e.V. und dem Deutschen Heilstollenverband und wird erfolgreich als anerkannter Kurort zur Behandlung diverser Erkrankungen und zur Raucherentwöhnung genutzt.

Adresse Gasstraße 10, Ennepetal-Milspe, www.kluterthoehle.de | **Pkw** A1, Ausfahrt Wuppertal-Langerfeld (93), auf B7 Richtung Schwelm, in Ennepetal Beschilderung Zentrum folgen | **ÖPNV** Bus 551 bis Busbahnhof | **Öffnungszeiten** Führungen täglich stündlich von 10–16 Uhr (außer 12 Uhr), Sonderführungen siehe Homepage | **Tipp** In Verbindung mit dem Krenzer Hammer (siehe Seite 104) werden Kombiführungen angeboten.

48_ Der Krenzer Hammer

Ein schmiedendes Familienunternehmen

Hier steht die Zeit still. In den alten Werkstätten an der Peddenöde wird noch gewerkt wie vor 100 Jahren – per Hand. Die Manufaktur südlich von Ennepetal bedient sich noch immer der technischen Mittel, die auch damals benutzt wurden. Damals, das war 1914. Zwar ist schon seit 1754 ein hier ansässiger »Peddenöder Hammer« belegt, und das Familienunternehmen Krenzer existiert bereits seit 1878; doch die Ennepetaler Werkzeugfabrik, wie sie so noch heute besteht, gründete Wilhelm Krenzer erst im frühen 20. Jahrhundert. Sie war das modernste Hammerwerk ihrer Zeit.

Innovativ war vor allem die Kraftübertragung auf die Hämmer. Statt eines konventionellen Wasserrades kam hier eine Wasserturbine zum Einsatz. Diese trieb per Flachriemen die unter der Decke hängende Übersetzung (Transmission) an. Von dort konnten die verschiedenen Maschinen die mechanische Energie anzapfen. Heute sind die zwei Fallhämmer, die zwei Lufthämmer und die fünf Schmiedepressen noch immer in Betrieb. Dabei ist der Krenzer Hammer das letzte der einst 48 hier wie Perlen an einer Schnur aufgereihten Hammerwerke. Die Ennepe ist schließlich der schnellstfließende Fluß Deutschlands außerhalb der Alpen, und die enorme Wasserenergie wollten möglichst viele Betriebe nutzen. Was heute durch riesige hydraulische Schmiedepressen in automatisierten Fabriken seine Form gewinnt, wird hier im Familienbetrieb noch vom Urenkel Krenzer per Hand geschmiedet: Hämmer, Äxte, Spaten, Hacken, Brechstangen.

Parallel zur Manufaktur ist das urige Hammerwerk ein faszinierendes Museum. Dabei darf auch gern mal selbst Hand angelegt werden und Damaszener Stahl mit den überdimensionierten Hämmern geschlagen und in Form gebracht werden. Doch allein das reizvolle Gebäude mit seinen Wehranlagen, eingebettet im Idyll der Ennepe, ist schon einen Besuch wert. Der angrenzende Wald lädt zu langen Wanderungen ein.

Adresse Förderverein Krenzer Hammer e.V., Peddenöde 5, Ennepetal-Rüggeberg, www.krenzer-hammer.de | **Pkw** B7 in Ennepetal-Milspe Richtung Breckerfeld/Halver/Zentrum verlassen, Mittelstraße rechts fahren, circa 4 Kilometer bis Peddenöde | **Öffnungszeiten** Fr ab 15 Uhr, ganzjährig jeden 1. Samstag im Monat ab 10 Uhr, für Gruppen nach Vereinbarung | **Tipp** Auf dem Weg zurück in den Norden kommt man am Schwimmbad »Platsch« vorbei. Dort kann man sich von der schweißtreibenden Arbeit im Museum abkühlen.

49 Die Dubois-Arena

Max Schmeling, Frank Zappa und die Hippies

Die bizarre Dubois-Arena direkt neben dem Schloss Borbeck war einst Deutschlands größte, weil einzige Freiluftboxarena, in der vor bis zu 25.000 Zuschauern Boxgrößen wie Max Schmeling und Peter »de Aap« Müller Haken verteilten. 1948 vom Essener Ernst Dubois erbaut, bot sie bis Mitte der 1960er Jahre Boxspektakel auf Weltklasseniveau. Doch wie Peter »de Aap« Müller, der seine Boxhandschuhe an den Nagel hängte und sich dann mit Schlagermusik durchboxte, vollzog auch die Dubois-Arena 1968 einen ähnlichen, aber ruhmreicheren Wandel in musikalische Richtung. Der Boxring wich einer Bühne. Statt Boxern standen dort nun Boxen, Gitarrenverstärker und internationale Musikikonen.

Neben der Grugahalle war die Dubois-Arena Spielstätte der »Internationalen Essener Songtage 1968« – Europas bis dato größtes Musikfestival mit Legenden wie Frank Zappa, seinen »Mothers of Invention« und deutschen Größen wie Hannes Wader. Das Festival war Vorreiter sämtlicher Hippie-Großveranstaltungen der Flower-Power-Generation. Mehr als 40.000 Zuschauer und 200 Künstler markierten schon ein Jahr vor Woodstock eine neue Dimension der Musikmassenereignisse.

Doch das skandalträchtige Großereignis hatte ein juristisches Nachspiel. Wegen sexueller Ausschweifungen in der Öffentlichkeit seitens der Hippies musste der Geldgeber, ironischerweise das Jugendamt, sich vor Gericht erklären. Das Verfahren verlief jedoch im Sande, die Dubois-Arena verfiel über die Jahrzehnte, und das Festival verschwand fast völlig aus den Annalen der Stadt Essen und aus den Köpfen der Bewohner. Den Ruf der musikalischen Hochburg der 1960er Jahre, dem 1966 sogar die Beatles folgten, hat Essen längst verloren. Nach einer Großsanierung in den 1990er Jahren ist zumindest die Dubois-Arena nun wieder das, was sie mal war – eine vielseitig nutzbare Konzert- und Veranstaltungsbühne mit Flair.

Adresse Schlossstraße 101, Essen-Borbeck | **Pkw** A40, Ausfahrt Essen-Frohnhausen (21), Richtung Borbeck, bei Hirtsieferstraße links auf B231 bis Schloss Borbeck | **ÖPNV** Bahn 103, Haltestelle Schloss Borbeck | **Öffnungszeiten** Veranstaltungen und Konzerte bitte der lokalen Presse entnehmen. | **Tipp** Der Borbecker Schlosspark gilt als eine der ältesten Parkanlagen des Rheinlands. Heute dient er mit seinen weitläufigen Wiesenflächen und seinem Teich der Naherholung.

50__ Die Freiheit

Der »Krupp'sche Friedhof« und der Ruhrschnellweg

Steht man auf dem südlichen Bahnhofsvorplatz inmitten hastender Passagiere und rauschendem Verkehrslärm, ahnt man nichts von der interessanten Historie dieses Ortes. Neben dem alten Huyssens-Stift-Krankenhaus befand sich hier bis vor knapp 65 Jahren Essens renommiertester Friedhof. Persönlichkeiten wie Grillo, Zweigert, Funcke und die Krupps lagen dort begraben.

Im Jahr 1910 kam es in dem ummauerten Separee der Krupps zu einer Familienzusammenführung der besonderen Art. Friedrich Krupps († 1826) Ruhestätte am Weberplatz und der Friedhof am Kettwiger Tor, wo seine Frau Therese († 1860) ruhte, mussten städtebaulichen Maßnahmen weichen. So fanden Friedrich und Therese Krupp schließlich auf dem damaligen Friedhof an der heutigen Freiheit wieder zusammen und zu vorläufiger Ruhe. Insgesamt wurden hier vier Generationen der Krupps beigesetzt, ehe auch der »Krupp'sche Friedhof« 1955 städtebaulichen Maßnahmen weichen musste. Diesmal ging es dauerhaft auf den Bredeneyer Friedhof, auf dem noch heute die pompösen Gräber aus edelstem schwarzem Marmor den Familienruhm wahren.

Doch die Geschichte der Freiheit geht weiter. Den Namen verdankt sie wieder mal städtebaulichen Maßnahmen – diesmal im Jahr 1937: Der Abriss der Huyssens-Stiftung eröffnete damals eine neue stadtplanerische Freiheit.

Die unmittelbare Nähe der Freiheit zum Essener Hauptbahnhof stellte Ende der 1960er Jahre das Projekt »Ruhrschnellweg-Tunnel« vor besondere architektonische Herausforderungen. Hier kreuzt unter Tage die U-Bahn-Trasse und erforderte höchstes bauliches Geschick, um auf engstem Raum die beiden verschiedenen Verkehrswege aneinander vorbei- und unter der Freiheit hindurchzuführen. Steht man heute auf dem Bahnsteig der U-Bahn-Haltestelle »Essen Hbf«, sieht man an dessen südlicher Innenfassade die Kante der Bodenplatte der A40 in die Tramstation hineinragen.

Adresse Freiheit, Essen-Stadtmitte | **Pkw** A40, Ausfahrt Essen-Zentrum (23), Richtung Hauptbahnhof | **ÖPNV** diverse Busse und Bahnen bis Hauptbahnhof | **Tipp** Südlich der Freiheit lässt sich von der Aussichtsplattform des RWE-Turms ein großartiges Stadtpanorama genießen.

51 Die Halde Zollverein I/II

Der Hügel im Schatten des Weltkulturerbes

Ein kleiner bewaldeter Hügel direkt an der Ecke Gelsenkirchener Straße und Haldenstraße. Unscheinbar, schmucklos, dezent. Mit nur vier Hektar Fläche und einer Höhe von knapp 18 Metern ist er Essens kleinste Halde. Sie wartet mit keiner Skulptur auf ihrem Scheitelpunkt auf, wie es ihre großen Schwestern meist tun. Dennoch ist sie einzigartig und birgt so manches Geheimnis – die Halde Zollverein I/II.

Die spitze Form der Bergeaufschüttung verrät ihr Alter. Das kegelförmige Aufschichtungsgefüge war eine Vorgehensweise des Haldenbaus erster Generation. Unter ihr sind im Zweiten Weltkrieg still und heimlich Gänge angelegt worden. Die »Haute Volaute«, ein spöttischer Begriff für die Essener Oberschicht, versteckte dort zu Kriegszeiten ihre Reichtümer. Der verschlossene Stolleneingang ist heutzutage jedoch unter dem dichten Bewuchs der Halde verborgen.

Ihre unmittelbare Nähe zur berühmten Zeche machte sie für die Wettbewerbsausschreibung der Design School Zollverein interessant. Um sie endlich ins Gesamtkonzept des Weltkulturerbes Zollverein zu integrieren, war die gestalterische Einbindung des grünen Hügels in das Projekt erwünscht. Den Wettbewerb gewonnen hat der SANAAN-Bau der Architekten Sejima und Nishizawa. Ihr ursprünglicher Entwurf des eindrucksvollen »Zollverein-Kubus« sah 2003 noch Besucherhäuschen, verteilt auf dem kleinen Scheitel der Halde, vor. Auf Stelzen erbaut, sollten die »boardinghouses« zwischen dem dichten Birkenbewuchs herausragen und Gästen freie Blicke auf die Zeche gewähren. Die Einbindung der Halde und somit das ursprüngliche Konzept wurde letztendlich nicht umgesetzt.

So siecht die Halde nun leider unbeachtet vor sich hin und hadert mit ihrem Schicksal, Essens älteste und kleinste Halde zu sein, aber dennoch unbekannt zu bleiben. Ob noch immer vergessene Schmuckstücke der »Haute Volaute« in ihrem Inneren schlummern, ist nicht überliefert.

Adresse Gelsenkirchener Straße, Haldenstraße, Essen-Stoppenberg | Pkw A42, Ausfahrt Gelsenkirchen-Heßler (15), Richtung Katernberg, Beschilderung Richtung Zollverein folgen | ÖPNV Bahn 107, Haltestelle Zollverein | Tipp Wenn man schon vor der Industriekulisse der Zeche Zollverein steht, ist ein Besuch des RuhrMuseums natürlich Pflicht.

52 Der Jahrhundertbrunnen

Die Stadt gedenkt ihres Stifts

1802 einte sich das Stift Essen und die Stadt mit dem preußischen Reich. Damit endete das 1.000 Jahre währende Matriarchat der Fürstäbtissinnen und ihre Vormachtstellung. Die preußische Armee entfernte die alten Hoheitsabzeichen an öffentlichen Gebäuden und ersetzte sie durch den preußischen Adler. 100 Jahre später gedachte man dieser schicksalhaften Zusammenführung und errichtete ihr zum Gedenken einen Brunnen – den Jahrhundertbrunnen. Ulfert Janssen wurde beauftragt, dieses 1907 der Öffentlichkeit übergebene Denkmal zu schaffen. Gefertigt wurde der Brunnen aus massivem Muschelkalk und ist noch heute nahezu unversehrt zu bewundern.

In seiner Mitte thront ein einen Hammer schulternder Arbeiter. Leicht verwittert sind noch die Inschriften zu erkennen: »Rüstig zur Arbeit« und »Froh in der Rast«. Rechts vom Steinmann findet man das preußische Wappen mit Adler und das Gedenkjahr 1902, links die Jahreszahl 1802 und das Essener Wappen.

Das Essener Stadtwappen ist in der Heraldik (Wappenkunde) einzigartig. Normalerweise werden Wappen in einem Schild zusammengefasst. Nicht in Essen. Weltweit einmalig sind die zwei Schilde mit Krone. Im vom Betrachter linken Schild ist auf goldenem Grund der deutsche Doppeladler, auf dem rechten das Zeremonialschwert der Stadtheiligen Cosmas und Damian zu sehen. Lediglich das Hotel Handelshof am Hauptbahnhof stellt das Stadtwappen »heraldisch richtig« in einem Schild vereint dar.

Ab 1913 gesellten sich gleich zwei das Stadtbild prägende Sakralbauten zum Jahrhundertbrunnen. Zu seiner Rechten thront die zum »Haus jüdischer Kultur« umgebaute alte Synagoge – das größte jüdische Gotteshaus nördlich der Alpen. Unmittelbar hinter dem Brunnen entstand 1914 die Friedenskirche mit ihren farbenreichen Deckenmalereien und dem riesigen goldenen Mosaik im Altarraum. Die drei Bauten bilden zusammen ein beeindruckendes Ensemble.

Adresse Bernestraße 1, Essen-Stadtmitte | **Pkw** A40, Ausfahrt Essen-Zentrum (Ost), Richtung Essen-Zentrum/Rathaus | **ÖPNV** diverse Busse und Bahnen bis Haltestelle Rathaus (Porscheplatz) | **Tipp** Das historische Hotel Handelshof ist einen Besuch wert. Geführt wurde das Hotel anfangs von Heinz Rühmanns Eltern.

53 Das Königreich Beisen

Ein Stadtteil erklärt sich autark

Katernberg-Beisen. Ein Stadtteil und zugleich ein Königreich. Zumindest wenn man den Beisenern Glauben schenken will. Einen König gibt es zwar nicht, doch die Bewohner sehen sich als verschworenes, autonomes Völkchen. Hier ist man nicht Essener, sondern Beisener.

Beisen kommt von Binsen. Und diese wucherten hier dank der Köln-Mindener Eisenbahn zuhauf. Der Bahndamm der Bahnlinie, die einst das Preußische Reich verband, staute ab dem 19. Jahrhundert im Essener Norden das Wasser, ließ den »Beisener Sumpf« entstehen – und sorgte bei den namensgebenden Gräsern für Entfaltungsfreiheit. Mit dem dritten Förderturm der Zeche Zollverein kam dann auch die Kohle beziehungsweise der Bergbau nach Beisen. Ab 1882 förderten die Schächte III, VII und X der Zeche Zollverein bis zur Jahrhundertwende 707.684 Tonnen Steinkohle und waren damit die ertragreichsten Schächte ihrer Zeit. Kein Wunder, dass Beisen schnell wuchs. 1903 entstand zwischen der Röckenstraße und der Kraspothstraße die erste Beisener Arbeitersiedlung. Eine Expansion ins Nienhauser Land wurde unumgänglich. Doch wo genau die Beisener Reichsgrenze verläuft, ist auf keiner Karte verzeichnet. Offiziell gehört man zu Katernberg, Schonnebeck oder gar zum Gelsenkirchener Süden.

Bei so viel geförderter Kohle durch Zollverein III/VII/X ist der Katernberger, pardon, Beisener Boden natürlich durchlöchert wie ein Schweizer Käse. Ab 1980 sackte das Beisener Ländchen immer tiefer ab. An der Ecke Grundstraße/Kraspothstraße wurde in den 1990er Jahren eine Mauer mit bis zu drei Meter tiefem Fundament errichtet. Sie soll der Rutschung noch heute Einhalt gebieten. An den schiefen Häuserfluchten lässt sich der Erfolg dieser Maßnahme ablesen. Zusätzlich bietet die Mauer zwitschernden Zuwanderern Unterschlupf. Ihre Front zieren zahllose bunt und künstlerisch gestaltete, bisher leider unbewohnte Meisennistkästen.

Adresse Zum Beispiel Kraspothstraße, Essen-Katernberg | **Pkw** Beschilderung Richtung Zollverein folgen, ab Gelsenkirchener Straße auf Beschilderung Erfahrungsfeld achten | **ÖPNV** Bus 183, Haltestelle Röckenstraße | **Tipp** In den alten Zechengebäuden des Schachtes Zollverein III/VII/X ist nun das »Phänomania Erfahrungsfeld« untergebracht. www.erfahrungsfeld.de

54__ Die Korte Klippe

Der romantische Aussichtspunkt über dem Baldeneysee

Jeder Essener wurde hier zum ersten Mal geküsst! Das ist keine Tradition, sondern eher eine sagenhafte Überlieferung. In der Tat zeugen die mit viel Liebe zum Detail gestalteten Holzstiche an Bäumen und Bänken rund um die Korte Klippe von glücklichen Momenten hoch über dem Baldeneysee. Verliebte werden von der Romantik des Ortes einfach angezogen.

Doch bleibt auch denjenigen, die nicht der Liebe willen den Weg hier in den Essener Süden finden, der Zauber der Korte Klippe nicht verborgen. Die nahe gelegene Bushaltestelle erhielt den eher untertriebenen Namen »Schöne Aussicht«. Dieser lässt schon erahnen, was einen hier erwartet. Der Blick über den gesamten Baldeneysee lädt zum Verweilen und Träumen ein – und zum Küssen. Benannt ist die Klippe nach Rudolf Korte. Der Gartendirektor der Stadt Essen leitete 1938 die Erweiterung und Neugestaltung des Grugaparks.

Das Jagdhaus in unmittelbarer Nähe der Klippe lockt mit gehobener Küche. Hunger holt man sich auf den zahlreichen Wanderwegen im umgrenzenden Schellenberger Wald. Ein Marsch von nur einigen Hundert Metern führt zur »Neuen Isenburg«, die im Jahr 1288 nach nur knapp 50-jährigem Bestehen geschliffen wurde. Sie wurde nicht wieder aufgebaut und erst 1933 wieder freigelegt. Die verwitterte Ruine thront noch heute hoch auf einer Felsnase des Brembergs über dem Baldeneysee. Ganz in der Nähe befindet sich das ehemalige »Elend im Walde«. Die Zeche Gottfried Wilhelm erhielt aufgrund ihrer ungünstigen Lage, umgeben von knochigen Eichen, felsigem Grund und dadurch erschwerten Förderbedingungen mitten im Schellenberger Wald, diesen unrühmlichen Beinamen. Ihre Aufbereitungsanlagen verlagerte man aus Rücksicht auf die Natur außerhalb des Waldes. Die Zeche wurde mittlerweile komplett abgerissen. Nur noch zwei versiegelte Schachtzugänge zeugen von ihrer einstigen Existenz.

Adresse Heisinger Straße (Höhe Jagdhaus Schellenberg), Essen-Heisingen | Pkw A40, Ausfahrt Essen-Zentrum, B224 Richtung Rüttenscheid, links in die Martinstraße, rechts in die Wittenbergstraße, circa 3 Kilometer Richtung Heisingen folgen | ÖPNV Bus 145, 147, Haltestelle Schöne Aussicht | Tipp Unterhalb der Korte Klippe schlängelt sich ein geologischer Wanderweg den Baldeneysee entlang.

55___Das Kulissenhaus

Unbekanntes hinter dem Grillotheater

Franz Dinnendahl, einst ideenreicher Erfinder und Mechaniker, konstruierte die erste Dampfmaschine, die im Ruhrgebiet in Betrieb ging. Seine Maschinenfabrik stand ab 1807 mitten in der Essener Innenstadt. 1821 brannte sie nieder, und Dinnendahl floh mit seinem Gewerbe nach Bergerhausen.

Auf dem alten Gelände der ausgebrannten Fabrik entstand schließlich unter anderem das heutige Kulissenhaus. Nachdem 1892 das Grillotheater feierlich eingeweiht wurde und sich reger Beliebtheit erfreute, wurde das provisorisch in einem alten Schulgebäude einquartierte Kulissenlager schnell zu klein. Ein Fonds der Stadt ermöglichte schließlich den Bau auf dem historischen Dinnendahl'schen Boden. So konnte die Essener Theaterwelt ab 1908 wieder reibungslose Kulissenumbauten und fantastische Inszenierungen erleben. Der lang gezogene, dreigeschossige Bau ist über eine geschwungene Brücke mit dem Grillotheater verknüpft und lässt sie zu einer Gesamtkonzeption verschmelzen. Durch den Verbindungstrakt werden Kulissen auf Höhe der Hinterbühne problemlos von einem Gebäude zum nächsten transportiert.

In den restlichen Geschossen befinden sich der Theaterfundus und die Werkstätten zur Kostüm-, Kulissen-, und Dekoherstellung. Das schlichte Gebäude besticht dabei durch seine Jugendstilelemente. Das turmartige Treppenhaus findet in einer hutförmigen Kuppel einen reizvollen Dachabschluss. Zwischen dem dichten Efeubewuchs der sehenswerten Nordfassade lugt ein im Jugendstil übliches Ochsenauge durch.

Neben dem Kulissenhaus steht seit 1908 auf demselben historischen Boden ein weiteres sehenswertes Gebäude. Dieses ehemalige Hauptsteueramt im klassizistischen Stil erhielt nach einer umfangreichen Sanierung im Jahr 2006 einen passenden Namen: Villa Dinnendahl.

Apropos Dinnendahl: Trotz seiner Pionierarbeit ließ das mangelnde kaufmännische Geschick Franz Dinnendahl verarmt sterben.

Adresse Trentelgasse 1, Essen-Stadtmitte | **Pkw** A40, Ausfahrt Essen-Zentrum (23), Richtung B224, über Bismarckstraße, Hindenburgstraße rechts in die Maxstraße, rechts in die Lindenallee, im Kreisverkehr links in die Straße 3. Hagen | **ÖPNV** U-Bahn U11, U17, U18, Haltestelle Hirschlandplatz | **Tipp** Läuft man über den Hirschlandplatz Richtung Hauptbahnhof, stößt man auf das Essener Bankenviertel. Vor allem die Gebäude der ehemaligen Essener Credit-Anstalt (heute Deutsche-Bank-Haus) und der alten Reichsbank (heute Hauptpost) sind echte Hingucker.

56 Der Park der fünf Hügel

Der Krupp-Park und das Tiegelgussdenkmal

Folgt man der Altendorfer Straße von der Stadtmitte aus gen Westen, stößt man auf das Tiegelgussdenkmal. Errichtet wurde es bereits 1952. Sein von Artur Hoffmann gehauenes Relief zeigt verschiedene Arbeitsschritte der Herstellung des Krupp'schen Tiegelgussstahls. Das 22 Meter lange und neun Tonnen schwere Stahldenkmal war lange Zeit die einzige Attraktion zwischen Innenstadt und Altendorf. Nachdem der Zweite Weltkrieg gewütet hatte, war von der riesigen Krupp'schen Fabrikanlage, die sich von hier bis hoch zum Rhein-Herne-Kanal erstreckte, nicht mehr viel übrig geblieben. Das Gelände lag jahrzehntelang brach.

Heute steht in dem modernen Westviertel die Konzernzentrale der ThyssenKrupp AG. Ihr imposanter Bau in Form von zwei aufeinandergesetzten und verdrehten »L« wirkt wie eine verpasste Chance beim Tetris und ist von großem architektonischem Reiz. Hier schließt sich nun auch seit 2010 jenseits des Berthold-Beitz-Boulevards der Krupp-Park an – ein 220.000 Quadratmeter großes Idyll am Rande der Innenstadt. Durchzogen wird er von fünf gegeneinander versetzten Hügeln. Bis zu zwölf Meter ragen die künstlichen Buckel empor. Sie trennen den Park nicht nur in verschiedenste Sektoren der Freizeitgestaltung, sondern schaffen eine besondere Atmosphäre – eine scheinbare Abgeschiedenheit innerhalb ihrer Täler. Über schlängelnde Hauptwege lassen sich die Hügel umgehen und die Attraktionen erreichen. Besucher können sich auf einem Skateparcours, auf einem Basketball-, Fußball- und Beachvolleyballfeld und an Fitnessgeräten austoben. Ein Spielplatz für die Kleinen und mehrere Liegewiesen runden das Angebot ab.

Ein besonderer Glanzpunkt ist der große Teich mit einer ihn umgebenden Gabionenmauer, über die sich flanieren lässt. Er wird nur durch Regenwasser gespeist, welches von der ThyssenKrupp AG-Konzernzentrale abgeleitet und ihm durch einen künstlichen Bach zugeführt wird.

Adresse Zwischen Pferdebahn und Altendorfer Straße entlang des Berthold-Beitz-Boulevards, Essen-Westviertel | **Pkw** A40, Ausfahrt Essen-Holsterhausen (22), Richtung Altendorf, am Westbahnhof rechts bis Altendorfer Straße | **ÖPNV** Bahn 101, 103, 105, 109, Haltestelle Krupp Hauptverwaltung | **Tipp** Zwischen all den Konzernneubauten der ThyssenKrupp AG findet sich ein kleines Fachwerkhaus – der Nachbau des alten Krupp'schen Firmensitzes am Originalstandort.

57 __ Der Pastoratsberg

Fränkische Wallanlagen und ein jüdischer Friedhof

Auf Essens höchster Erhebung, mit Blick auf das schöne Ruhrtal, liegen in den Wäldern versteckt kostbare Geschichtsrelikte. Mit geübtem Auge und mit Hilfe einiger Informationstafeln entdeckt man hier Reste fränkischer Ringwallanlagen. Die frühmittelalterliche Fliehburg »Alteburg« stammt aus dem 7. Jahrhundert und diente der kleinen Siedlung Werden und ihrem Kloster als Zufluchtstätte. Die steilen Hänge des Berges boten idealen Schutz. Der westlich zur Ruhr abfallende Siepen ist gar so steil, dass er nur durch Teufelswerk entstanden sein konnte und so »Teufelssiepen« getauft wurde. Auf seinem Scheitel entstand zum göttlichen Ausgleich das »Haus Engelsburg«.

Auf dem nördlichen Plateau des Berges stand die »Herrenburg«. Auch hier erinnern verwitterte Wälle und Gräben an die karolingische Anlage des 8. Jahrhunderts. Mitten in der Wehrstätte wurde hier im Jahr 957 die Klemenskirche über mehreren Quellen errichtet. Ihr steinernes Fundament und die Quellöffnung sind mittlerweile wieder freigelegt und für Besucher zugänglich.

Neben den archaischen Bodendenkmälern, den Wanderwegen und der schönen Aussicht findet sich hier noch mehr. Leicht versteckt an einem Pfad, tut sich ein alter, beschaulicher jüdischer Friedhof auf. Da Juden damals nur vor den Toren der Siedlungen und Städte ihre Toten beisetzen durften, wählte die kleine Werdener Gemeinde zwischen 1835 und 1920 diesen besinnlichen Ort als letzte Ruhestätte.

Folgt man den Pfaden weiter gen Südwesten nach Heidhausen, stößt man auf abgebrochene Wirtschaftshäuser der ehemaligen Zeche Pauline. Noch heute hat die 1916 stillgelegte Kohlemine Auswirkungen auf den Berg – er blutet. Ausgefälltes Eisen färbt hier das Grubenwasser ocker. Die aus einem alten Stollenmundloch quellende Borbecke vermengt sich dabei mit dem rotbraunen Gemisch und plätschert fortan in ungewohnt roter Farbgebung gen Ruhr.

Adresse Pastoratsberg, Essen-Werden | **Pkw** A52, Ausfahrt Essen-Haarzopf (27), oder A40, Ausfahrt Essen-Zentrum (23), Richtung Bredeney der B224 bis nach Werden folgen, dort rechts über Klemensborn zum Pastoratsberg | **ÖPNV** DB S6, Haltestelle Essen-Werden, dann Buslinie 190, Haltestelle Essen Jugendherberge | **Tipp** Werden besticht durch seine zahlreichen vom Krieg verschonten Baudenkmäler. Die Abteikirche, das alte Rathaus, die Staumauer des Baldeneysees und die dem Pastoratsberg zu Füßen fließende Ruhr sollte man besichtigen.

58 Das Schaustellermuseum

Konservierte Kirmes und Raritätenkabinett

Jahrmärkte waren schon immer Publikumsmagnete und blicken auf eine lange Geschichte zurück. Gerade in der Blütezeit der Industrialisierung, Kohlegewinnung und Stahlverhüttung im Ruhrgebiet bot das fahrende Gewerbe zeitweiliges Vergnügen und Ablenkung vom harten Arbeitsalltag.

Das Markt- und Schaustellermuseum huldigt diesem Brauchtum, den Wanderschaustellern und der jahrhundertelangen Tradition. Zusammengetragen wurde die Sammlung von einem Original – einem Schausteller. Dementsprechend groß ist nicht nur der Fundus, sondern auch das Fachwissen, welches die Sammlung komplettiert. Ausgestellt werden hauptsächlich Exponate aus dem späten 19. und der ersten Hälfte des 20. Jahrhunderts: funktionstüchtige Drehorgeln, Karussells, Schaustellerwohnwagen, Wanderkinos, mechanische Spielautomaten, Raritäten und Kuriositäten. Auch kostbare Moritatentafeln, deren Bildnisse von schaurigen Mordtaten zeugen und nur durch eine vom Moritatensänger vorgetragene Ballade einen moralischen Fingerzeig erhalten, sind im Besitz der Privatsammlung. Die entsprechend dazu verwendeten Instrumente wie Walzenorgeln, Harmonien und Rückenklaviere sind hier zahlreich vertreten. Selbst gruselige Karussellpferde vom Engländer Arthur Anderson, in deren Fratzen er seine Kriegserlebnisse bannte, und handgeschnitzte Buckelbergwerke sind zu sehen. Invalide Bergmänner zogen mit den mechanischen Apparaturen, die aus dem Leben unter Tage erzählen, mit den Jahrmärkten durchs Land und sicherten sich so einen neuen Lebensunterhalt.

Das Markt- und Schaustellermuseum ist mit seiner Sammlung einzigartig. Die Stadt Essen stellte daher Räumlichkeiten und finanzielle Mittel, um den wertvollen Kostbarkeiten und Raritäten gebührend zu huldigen. Allerdings verleitet das bunte Sammelsurium des Schaustellermuseums zum Spielen und Anfassen. Zappelnder Kinderbesuch ist daher ungern gesehen.

Adresse Hachestraße 68, Essen-Stadtmitte, www.schaustellermuseum.de | **Pkw** A40, Ausfahrt Essen-Zentrum (23), Richtung B224, rechts in die Friedrichstraße, rechts in die Hachestraße | **ÖPNV** diverse Linien, Haltestelle Essen Hbf | **Öffnungszeiten** nach Vereinbarung – nur für Gruppen | **Tipp** Von den Spuren des Wanderkinos nun zu einem echten Filmpalast: Die Lichtburg in der Essener Innenstadt ist eines der schönsten Kinos Deutschlands.

59__ Soul of Africa

Europas Zentrum der weißen Magie

Voodoopuppen, Schamanenrituale und dunkle Geister: Voodoo – jener mehr oder weniger unbekannte Totenkult, der unbestreitbar ein Gruselimage besitzt. Aberglaube und schwarze Magie sind wohl die häufigsten Vorurteile. In Essen-Rüttenscheid werden nun seit 2001 die wahren Hintergründe gezeigt. Der Kurator Henning Christoph hat in seinem Soul-of-Africa Museum in Eigenregie über 1.000 Exponate zusammengetragen, die über die faszinierende Welt des Vodun, wie es eigentlich richtig heißt, berichten. Eine Welt von weißer Magie, von Heilung durch Naturmedizin, von religiösen Ritualen, von Amazonen und Juju-Männern, die allein durch »Hand auflegen« ein Todesurteil vollstrecken können. Doch steht im Vodun die heilende Magie im Vordergrund. So widmet sich das Museum ausführlich der Heilkunst durch medizinische Pflanzenpasten, Kräutertinkturen und Heiltränke.

Zahlreiche Opferzeremonien, Gottheiten und verschiedene Vodunkulte werden hier vorgestellt. Ein Zwillingsaltar mit seiner beklemmenden Geschichte ist ebenso wie prachtvolle »Yoruba«-Kostüme, mit Zauber behaftete Schnitzfiguren und todbringende »Egungun«-Gewänder zu sehen. »Gangans« und »Ogbons«, die rituellen Buschtrommeln, begleiten die Besucher akustisch durch die Ausstellung und sorgen für ein unheimliches, sphärisches Ambiente.

Die Kolonialzeit war es, die den westafrikanischen Glauben durch die Sklavenverschiffung nach Haiti trug. Der dort mit neuen Naturreligionen vermischte Vodun bildete eine ganz neuartige Götterverherrlichung. Von gewalttätigen Göttern wird hier in Essen berichtet. Aber auch von der fröhlichen kreolischen »Mami Wata«. Ihr großer Altar ist das Zentrum und der ganze Stolz der in Europa einzigartigen Sammlung. Er ist nicht nur Ausstellungsstück, sondern wird von Gläubigen regelmäßig genutzt.

Zwischen all den Schamanenbräuchen ist man hier sicher nicht von allen guten Geistern verlassen.

Adresse Rüttenscheider Straße 36, Essen-Rüttenscheid, www.soul-of-africa.com | **Pkw** A40, Ausfahrt Essen-Zentrum (23), Richtung B224 nach Rüttenscheid fahren, links auf die Bismarckstraße, links auf die Friedrichstraße, rechts auf die Rüttenscheider Straße | **ÖPNV** U-Bahn U11 und Bahn 101, 106, 107 Haltestelle Rüttenscheider Stern | **Öffnungszeiten** Do 14–18 Uhr, Fr 18–22 Uhr, Sa 14–18 Uhr, So 14–18 Uhr | **Tipp** Weniger rituelle Kunst, aber dennoch eine sehenswerte Sammlung findet sich im Museum Folkwang. Der nicht nur architektonisch interessante Museumskomplex ist fußläufig zu erreichen.

60 Die Speakers' Corner 2.0
Eine Rednerecke für Vorlaute und Rhetoriker

Schon Karl Marx und Lenin nutzten die Londoner Speakers' Corner für ihre Zwecke. Hier ist freie Meinungsäußerung ohne vorherige Anmeldung erlaubt − sofern diese nicht gegen Staat oder Königshaus gerichtet ist. Man trifft dort Freigeister, Politiker, Aktivisten, Rhetoriker und andere mehr oder weniger Redegewandte, die ihre Weltanschauungen und Wertvorstellungen preisgeben. Von Singapur über Amsterdam bis Port of Spain − die Speakers' Corners bieten noch heute weltweit die Möglichkeit zum verbalen Ungehorsam. Um dabei gesehen und vor allem gehört zu werden, steigt man auf Kartons oder Kisten.

Anders jedoch in der Essener City. Hier hat man gleich eine komplette Bühne zur Verfügung. Spontane Zuhörer können sich gemütlich auf Bankreihen verteilen. In Anlehnung an das »Web 2.0« mit seinen neuen Interaktionsmöglichkeiten weist auch hier der Name auf die technischen Möglichkeiten der modernen, seit Mitte 2010 stehenden »Rednerecke«. Im benachbarten Unperfekthaus (siehe Tipp) kann kostenlos ein Videobeamer oder Notebook ausgeliehen werden. Die fest installierte Leinwand, frei zugängliche Stromversorgung und WLAN bieten dem Sprecher Hightech und machen die Reden zu interaktiven Happenings. Die Speakers' Corner 2.0 in einer Nische des Limbecker Platzes bietet durch spontane Vorträge, Diskussionen oder Deklamationen Abwechslung vom Treiben im angrenzenden Einkaufszentrum.

Jeder, der etwas zu sagen hat oder mal etwas Aufmerksamkeit genießen will, kann sich hier präsentieren. Redezeiten können vorab reserviert werden. Man darf auch mal gegen das Königshaus sprechen. Nur kommerziell Orientierte müssen schweigen. Um für alles andere die Stimme zu schonen, kann sogar zum Mikrofon gegriffen werden.

Waren sich Lenin und Marx über die Korrelation zwischen Religion und Opium noch uneins, so steht jedoch eines fest: Die Speakers' Corner 2.0 ist in jedem Fall *fürs* Volk.

Adresse Friedrich-Ebert-Straße gegenüber dem Unperfekthaus, Essen-Stadtmitte, www.speakers-corner-20.de | **Pkw** A40, Ausfahrt Essen-Zentrum (23), Richtung Zentrum, Beschilderung Limbecker Platz folgen | **ÖPNV** Bahn U11, U17, U18, 101,103, 105, 109, Haltestelle Berliner Platz | **Öffnungszeiten** Reservierte Redezeiten können auf der Homepage eingesehen werden, ansonsten frei nutzbar. | **Tipp** Das Unperfekthaus mit seinem innovativen Konzept vom interaktiven Künstleratelier bis hin zum gemütlichen Café sollte man sich anschauen.

61 Das Stadion am Lindenbruch

Heinz Kubsch und der »Helmut-Rahn-Zaun«

Die »Sportfreunde Katernberg« – ein Arbeiterclub in unmittelbarer Nähe der Zeche Zollverein. Nach der schweren Arbeit unter Tage wurde hier am Lindenbruch Abwechslung gefunden. 1948 verpasste man dabei als Überraschungsaufsteiger nur knapp die Meisterschaft der Oberliga West (damals die höchste Spielklasse). Um viele Zuschauer am Spielgeschehen teilhaben zu lassen, ließ man sich einiges einfallen. Auf der oberhalb der Südtribüne liegenden Bahntrasse hielten zu Glanzzeiten Passagierzüge an – Lokführer und Bahnreisende wohnten so dem Fußballspektakel am Lindenbruch bei – bis zu 30.000 Zuschauer wurden gezählt.

Berühmtheiten, die deutsche Fußballgeschichte schrieben, standen im Stadion am Lindenbruch auf dem Platz. Heinz Kubsch und Helmut Rahn lernten hier zwar nicht laufen, verfeinerten aber bei den Sportfreunden ihre Ballkontrolle, die sie 1954 zum Weltmeistertitel brachte. Doch die Macht der Traditionsvereine war groß. Helmut Rahn wechselte bereits 1951, Heinz Kubsch 1953. Für Helmut Rahns Ablösesumme des Stadtrivalen Rot-Weiß Essen von der Hafenstraße errichtete man vor der Bahntrasse einen Sichtschutz – den »Helmut-Rahn-Zaun«. Heute zeugen nur noch die in der umgebenen Mauer integrierten, zuzementierten Ticketverkaufsschalter von den einstigen Zuschauermassen im Stadion. Das alte Gebäude der Vereinskneipe an der Gelsenkirchener Straße erinnert an die ruhmreichen Zeiten.

Die Erfolgsjahre der »Sportfreunde Katernberg« sind zwar vorbei, der Charme des Stadions bleibt. Schließlich entdeckte das Fernsehen die alte Talentschmiede. Sowohl diverse »Tatorte« um Heinz Haferkamp (Hansjörg Felmy) als auch die 2010 produzierte Krimiserie »Lutter« wurden in den geschichtsträchtigen Räumlichkeiten am Lindenbruch gedreht. Heute kann man auf dem Gelände bei Bier, Wurst und Fußball auch noch Rahns alte Teamkollegen treffen.

Adresse Gelsenkirchener Straße 308, Essen-Katernberg, www.sportfreunde-katernberg.de |
Pkw A42, Ausfahrt Gelsenkirchen-Heßler, Richtung Essen-Katernberg, von der Schalker
Straße links in die Nienhauser Straße, dann rechts auf die Feldmarkstraße | **ÖPNV** Bahn
107, Haltestelle Abzweig Katernberg, 5 Minuten Fußweg, oder DB S2, Haltestelle Zoll-
verein Nord Bf, 15 Minuten Fußweg | **Öffnungszeiten** Aktuelle Termine bitte der Home-
page entnehmen | **Tipp** Folgt man der Gelsenkirchener Straße Richtung Norden, stößt
man nach wenigen Hundert Metern auf den Revierpark Nienhausen.

62 Die Taubenklinik

Ein Krankenhaus für die Tiere vom Schlag

Die Taubenzucht hat das Ruhrgebiet ebenso geprägt wie der Bergbau. Sie ist hier gleichermaßen verwurzelt wie die Schrebergartenkultur. Und sie hat eine ebenso lange Tradition wie der Fußball. Taubenschläge prägten seit jeher das Bild der Zechensiedlungen. Wurden die Vögel im Deutsch-Französischen Krieg 1870/71 noch als Brieftauben an der Front eingesetzt, ersetzte im Ersten Weltkrieg bereits der Funkverkehr ihre Dienste. Die Taubenzucht blieb dennoch im Revier.

In den 1950er Jahren boomte der Taubensport regelrecht. Rund fünf Millionen domestizierte Tiere lebten in dieser Zeit im Ruhrgebiet. Neben den typischen menschlichen Bergbaugebrechen Pseudokrupp und Rückenschmerzen galt es nun, auch auf die gesundheitlichen Bedürfnisse der Vögel einzugehen.

Doch der Ruf nach veterinärer Hilfe für die Zweibeiner vom Schlag wurde erst 1972 erhört. Seitdem steht in Essen die Taubenklinik und versorgt die Tiere mit ärztlicher Kompetenz. Ob gebrochene Schwingen, bakterielle Infekte oder Hautirritationen – hier wird jedem Vogel auf den Zahn beziehungsweise auf den Schnabel gefühlt. Eine Intensivstation steht ebenso bereit wie ein Röntgenapparat.

Zunächst in einem alten Schulgebäude in Essen-Kupferdreh untergebracht, nimmt sich die weltweit einzige Taubenklinik der Belange von Taube und Züchter an. Die Klinik ist mittlerweile international renommiert. Seit 2006 befindet sich das Krankenhaus in einem modernen Bau auf dem Gelände des Triple Z Gewerbeparks im Norden der Ruhrmetropole.

Die Taubenzucht ist mittlerweile stark zurückgegangen. Verpönt als »Ratten der Lüfte«, trägt die Taubenklinik mit wirkungsvollen Impfungen zur Imageaufbesserung des Stadtvogels bei. Die ursprüngliche Nutzung der Brieftaube lebt im Taubensport weiter. Geholfen wird nicht nur Tauben. Ob Spatz oder Adler – hier versorgt man alles, was bei drei auf den Bäumen sein kann.

Adresse Katernberger Straße 115, Essen-Katernberg, www.taubenklinik.de | **Pkw** A42, Ausfahrt Gelsenkirchen-Heßler (15), Richtung Essen-Katernberg, über Terneddenstraße/Schalker Straße, Beschilderung Katernberg folgen, links in die Katernberger Straße (Beschilderung Triple Z folgen) | **ÖPNV** Bahn 107, Haltestelle Nienhauser Busch | **Öffnungszeiten** Besichtigungen nur nach Absprache | **Tipp** In Castrop-Rauxel gedenkt der steinerne »Taubenvatta« auf dem Kuopio-Platz der gefiederten Tradition. Direkt westlich der Taubenklinik fasziniert die Fatih-Moschee mit ihrer Architektur.

63__ Die Kettenschmiede

Das Schmiedemuseum und der Landschaftspark

Was hat Papierherstellung mit einer Kettenschmiede zu tun? Eigentlich nichts. Und dennoch treffen hier beide Industriezweige aufeinander. Die Fröndenberger Papiertradition begann 1852 mit einer Papiermühle an der Ruhr. Nachdem man dann die Dampfmaschine für sich entdeckte, expandierte das Papierwerk schnell. 1874 entstand schließlich die Papierfabrik Himmelmann.

Die Kettenschmiedeindustrie besteht in Fröndenberg seit Mitte des 19. Jahrhunderts. Zahlreiche Kettenschmieden prägten einst das Stadtbild. Beginnend mit der Weltwirtschaftskrise 1929, letztendlich aber mit dem Untergang der Montanindustrie im Ruhrgebiet verschwanden auch langsam die Essen. Um die lange Tradition nicht zu vergessen, gründete man 1999 das Kettenschmiedemuseum.

In mühseliger Arbeit trugen die Initiatoren des »Kulturzentrum Föndenberg e.V.« die Maschinen, von der Knotenkettenmaschine zur Handkettenverdrehmaschine bis hin zum Gliederbieger, zusammen. Diese sind nun in einem alten Magazin der ehemaligen Papierfabrik Himmelmann untergebracht. Das Schmiedefeuer selbst stammt aus dem Jahr 1910 aus der Ruhrland Kettenfabrik Wilhelm Prünte. In dem Museum werden die Abläufe vom Rohmaterial zur fertigen Kette eindrucksvoll und anschaulich dargestellt. Die enorme körperliche Anstrengung eines Schmiedes beim Feuerschweißen wird deutlich, wenn der Besucher selbst Hand anlegen darf. Brautpaare können hier gar heiraten und ihr Glück durch eine eigene Kette besiegeln.

Fröndenberg war einst bekannt für seine extragroßen Spezialketten. Die dicken Gliederreihen fanden vor allem als Ankerketten Verwendung. Stolz sind sie nun in die umfangreiche Sammlung integriert.

Vor dem Museum, am Eingang zum Fröndenberger Landschaftspark, steht ein riesiger »Hochleistungstrichterstofffänger« aus Stahl – der Fröndenberger Trichter. Auch er erinnert an die alte Papierfabrik Himmelmann.

Adresse Ruhrstraße 12, Fröndenberg/Ruhr, www.kulturzentrum-ruhraue.de | **Pkw** A44, Kreuz Unna-Ost (53), Richtung Iserlohn/Menden auf B233, links Ardeyer Straße, Beschilderung Richtung Fröndenberg folgen | **ÖPNV** DB, Bahnhof Fröndenberg, dann circa 5 Minuten Fußweg | **Öffnungszeiten** April–Okt. Sa, So 11–16 Uhr, am 1. Sonntag mit Schmiedevorführung, der Eintritt ist frei. | **Tipp** Die B233 Richtung Unna fahrend, kommt man an der kleinen Ortschaft Strickherdicke vorbei. Hier steht ein alter Bismarck-turm, der einen herrlichen Blick über das Ruhrtal bietet.

64 Der alte Flughafen

Die heutige Trabrennbahn und das Gut Nienhausen

Auf altem Pachtland des Gutes Nienhausen ließen sich 1912 sowohl Traber als auch Flieger nieder. Die Zuschauertribüne mussten sich beide teilen. Der Flugplatz Essen-Gelsenkirchen-Rotthausen war der erste kommunale Flughafen im Deutschen Reich und entwickelte sich schnell zu einem Knotenpunkt der Luftfahrtentwicklung. Drei Flugschulen richteten sich im Laufe der Jahre ein, ebenso die Kondor-Flugzeugwerke. Diese bauten bis zum Kriegsende 1918 Flugzeuge verschiedener Typen, zum Beispiel die bekannte »Kondor-Taube« und den unter Lizenz gebauten, militärischen Doppeldecker »Albatros B II«. Nach dem Ersten Weltkrieg nutzte die »Deutsche Luft-Reederei«, aus der die heutige Lufthansa hervorging, den Flugplatz für den zivilen Flugpostbetrieb. Ab 1929 verlor der Flughafen an Bedeutung – 1940 kam das Aus.

Das alte Fliegereigelände wurde zunächst von der Landwirtschaft (nämlich als Kartoffelacker nach dem Zweiten Weltkrieg) und dann vom Bergbau okkupiert. Das Flugfeld diente letzten Endes der Kohlenindustrie als Abraumlagerplatz. So entstand die Halde Zollverein IV/XI – die größte Halde der Essener Zeche, die später zum Weltkulturerbe avancierte.

Die Trabrennbahn am Nienhauser Busch hat jedoch seit 1912 durchweg Bestand. 1960 wurde sie sogar in den »Grand Circuit International« aufgenommen. Die internationale Rennserie findet jährlich an den renommiertesten Trabstrecken der Welt statt.

Die Gebäude des Gutes Nienhausen wurden dabei nach und nach vereinnahmt und verleihen dem Rennzirkus noch heute seinen historischen Charme. Auch der alte Tower fand eine neue Verwendung. Hier sitzt an den Renntagen das Wettkampfkomitee.

Das alte Flugfeld beziehungsweise die Halde Zollverein IV/XI dient den Trabern nun als hügelige Trainingsstrecke. Besucher können sowohl Trainingseinheiten als auch spektakuläre Rennen vor dieser historischen Kulisse bewundern.

Adresse GelsenTrabPark, Nienhausenstraße 42, Gelsenkirchen-Feldmark, www.gelsentrabpark.de | **Pkw** A42, Ausfahrt Gelsenkirchen-Heßler (15), Richtung Essen auf die Schalker Straße, links auf die Nienhausenstraße | **ÖPNV** Bahn 107, Haltestelle Trabrennbahn | **Öffnungszeiten** Das Gelände ist tagsüber geöffnet, Renntermine bitte der Homepage entnehmen. | **Tipp** Ein paar Fahrminuten entfernt ragt in der Essener Emscherstraße die Schurenbachhalde in die Höhe. Hoch oben auf ihrem Scheitelpunkt thront der Stahlmonolith »Bramme für das Ruhrgebiet«.

65 Das Amphitheater

Eine moderne Arena mitten im Rhein-Herne-Kanal

Im Sommer kämpfen hier moderne Gladiatoren, bewaffnet mit Gitarre, Bass und Stimmgewalt, um die Gunst der Zuschauer. Das Amphitheater im Gelsenkirchener Nordsternpark ist Austragungsstätte hochkarätiger Konzerte, Theaterstücke und pompöser Shows. Das halbrunde Maenianum (lat. aufsteigende Ränge) bietet bis zu 6.100 Zuschauern Platz, an einem Ort mit Atmosphäre Stars und Showacts genießen zu können.

Wie es sich für Amphitheater gehört, steht auch das Gelsenkirchener in historischem Umfeld. Der monumentale Kohlebunker der 1993 stillgelegten Zeche Nordstern ragt unmittelbar neben der Freiluftbühne in die Höhe und trägt aus dem Hintergrund als anachronistischer Beobachter zu der besonderen Stimmung bei. Die von einer gelungenen Membrankonstruktion wettergeschützte Bühne liegt dabei vorgelagert als »Insel« im Rhein-Herne-Kanal. Vorbeiziehende Kähne und der Blick auf das Wasser verleihen dem Ganzen zusätzlich ein abstruses Flair. Die »Weiße Flotte« betreibt einen Anleger direkt neben der Open-Air-Arena.

Eingeklemmt zwischen Emscher und Rhein-Herne-Kanal, ist das Amphitheater nur eines der vielen Prunkstücke des Nordsternparks. Über sehenswerte Brücken sind die Gebiete zwischen den Gewässern erschlossen. Unweit der spektakulären Freilichtbühne findet sich ein 63 Meter langer, begehbarer Bergwerkstollen. Das »blaue Pumpwerk« und das alte Zechengebäude verschmelzen mit der modernen Parkanlage zu einer Symbiose alter Industrie und belebter Natur. 18 Meter hohe künstliche Klettertürme, ein Kinderland mit Wasserspielplatz, eine Grafitiwand, eine der größten Modelleisenbahnanlagen und der über 100 Meter Hohe Nordsternturm mit seiner 2010 aufs Dach gesetzten »Herkules«-Skulptur von Markus Lüpertz ergänzen den Park zu einer Erlebniswelt. Sogar Cineasten kommen auf ihre Kosten. An manch lauen Sommernächten wird das Amphitheater zum Freiluftkino.

Adresse Grothusstraße 201, Gelsenkirchen-Horst, www.amphitheater-gelsenkirchen.de |
Pkw A42, Ausfahrt Gelsenkirchen-Zentrum (16), Richtung Asbeckstraße, Beschilderung
Amphitheater folgen | **ÖPNV** Bus 383, Haltestelle Krokuswinkel | **Öffnungszeiten**
Veranstaltungen und Konzerte bitte der Homepage entnehmen | **Tipp** Karl am Kanal, ein
Gelsenkirchener Urgestein, betreibt in der Wallstraße 52 sein privates Motorradmuseum.
Zudem ist dies ein beliebter Biker-Treff.

66 Die Glückauf-Kampfbahn

Die Zeche Consolidation und ihre Knappen

Der Begriff »Glück auf« stammt aus dem 16. Jahrhundert. Damit wünschte man den Bergmännern im sächsischen Erzgebirge eine sichere Auf- und Einfahrt ins Bergwerk. Mit der Übernahme in den Kohlebergbau des Ruhrgebiets adaptierte auch der Traditionsverein FC Schalke 04 den Bergmannsgruß – nicht nur als Schlachtruf; er benannte gleich sein erstes Stadion danach.

Als »Westfalia Schalke« 1904 gegründet wurde, war der Bedarf an einem eigenen Stadion noch nicht gegeben. Man bolzte und trainierte auf Straßenplätzen. Rekrutiert wurde die damalige Mannschaft aus Bergmannsgesellen – den Knappen. Der schnell wachsende Erfolg führte 1927 zum Bau der Kampfbahn Glückauf. Das Gelände der Zeche Consolidation, in dem die meisten Schalker Knappen Arbeit fanden, fungierte als neue Heimstätte. Umgeben von Kokereifackeln entwickelten hier Ernst Kuzorra und Co. das Kurzpassspiel »Schalker Kreisel«. Dem Traditionsclub gelangen damit seine größten Erfolge. Bis 1958 feierte man in der Glückauf-Kampfbahn gleich sieben deutsche Meisterschaften und war der erfolgreichste und publikumsstärkste Verein der damaligen Zeit.

In der zunächst als reines Stehplatzstadion konzipierten Kampfbahn quetschten sich zu Glanzzeiten bis zu 70.000 Fans – weit mehr als ihr eigentliches Fassungsvermögen. 1936 wurde sie um die 114 Meter lange, heute unter Denkmalschutz stehende Haupttribüne erweitert. Dennoch blieb das Stadion Zeit seines Lebens zu klein für die Zuschauermassen. 1973 erfolgte daher der Umzug ins größere Parkstadion.

Ein Kunstrasenplatz bereichert heute das atmosphärische Glückauf-Stadion. Es dient nun dem »DJK Teutonia Schalke-Nord« als Heim- und diversen Sportevents als geschichtsträchtige Austragungsstätte. Die zahlreichen Kokereifackeln, die zu Gründungszeiten des Vereins das Stadtbild prägten, werden noch heute von den Schalker Fans mit »tausend Feuer in der Nacht« besungen.

Adresse Kurt-Schumacher-Straße 143–145 bzw. Ernst-Kuzorra-Platz, Gelsenkirchen-Schalke, www.schalke04.de | **Pkw** A42, Ausfahrt Gelsenkirchen-Heßler (15), Richtung Horst, rechts in die Grothusstraße, links in die Uferstraße, rechts in die Kurt-Schumacher-Straße | **ÖPNV** Bahn 302, Haltestelle Ernst-Kuzorra-Platz | **Öffnungszeiten** bei Veranstaltungen und Spielen der DJK Teutonia | **Tipp** In der alten Maschinenhalle der Zeche Consolidation hat sich das »Consol Theater« eingerichtet. Hier wird vor allem Programm für Kinder und Jugendliche geboten.

67 Die Heilig-Kreuz-Kirche
Eine Bergmannskirche mit ungewisser Zukunft

Josef Franke war ein bedeutender Architekt des frühen 20. Jahrhunderts – und ein Gelsenkirchener Original. Seine meist sakralen Bauten wurden von roten Backsteinen geprägt, die er zusätzlich als Gestaltungselemente seiner Fassaden nutzte. Eines dieser in den Bau integrierten Steinmuster ist die Jesusfigur zwischen den beiden Kirchtürmen der Heilig-Kreuz-Kirche. Das 1929 gebaute Gotteshaus zählt zu den wichtigsten Arbeiten Frankes. Es wurde wegen des anhaltenden Zustroms katholischer Bergmänner nach Ückendorf errichtet. Dementsprechend bergmännisch wurde die Kirche gestaltet. Der östliche, direkt über dem Chor befindliche dritte Kirchturm ähnelt den Malakowtürmen der Gelsenkirchener Zechen. Neben dem Eingangsportal hängen, durch Steinblöcke abstrahiert, die zwölf Apostel. Das kantige Äußere wird von einem von Rundungen beherrschten Innenraum kontrastiert. Haupt- und Seitenschiffe verschmelzen in einer höhlenartigen Wölbung der Decke zu einem Ganzen. Die fluchtenden Durchgänge der Seitenschiffe sind dabei eine Reminiszenz an die Strecken unter Tage.

In das Höhlengewölbe sind riesige, tief in die Wand geschnittene Parabeln eingelassen. In ihnen finden sich die farbigen Fensterfronten, die den Innenraum in ein besonderes Licht tauchen. In den 1960er Jahren trug Gerhard Kadow mit neuen Fenstermosaiken zur mystischen Atmosphäre des Innenraums bei. Im Gegensatz zu dem eher dunkel gehaltenen Hauptschiff ist der pastellfarbene Chor ein heller Ort. Auch hier dominieren Parabeln die bunten Wände. 1993 erhielt die Kirche als Gesamtkunstwerk den Europa-Nostra-Preis für besondere Verdienste bei der Erhaltung von Kulturerbe.

2007 erfolgte dann die Schließung der spärlich frequentierten Kirche. Seitdem finden hier Konzerte und Ausstellungen statt. Die weitere Zukunft der spektakulären Kirche, ob als kulturelles Zentrum, Veranstaltungsstätte oder gar als Abrisskandidat, ist jedoch noch ungewiss.

Adresse Bochumer Straße 111, Gelsenkirchen-Ückendorf, www.st-josef-ueckendorf.de/HK/hl-kreuz.htm | **Pkw** A40, Ausfahrt Gelsenkirchen-Süd (28), Richtung Gelsenkirchen auf B227, rechts auf die Munscheidstraße, links auf die Bochumer Straße | **ÖPNV** Bahn 302, Haltestelle Wissenschaftspark | **Öffnungszeiten** Besichtigungen sonntags nach Absprache | **Tipp** Will man weiter den Spuren umgenutzter klerikaler Bauten folgen, sollte man auch die Duisburger Liebfrauenkirche mit ihren Glasfaltwänden besuchen (siehe Seite 88).

68 Die Künstlersiedlung

Ein altes Bauernanwesen wird neues »Bauhaus«

Walter Gropius kam 1919 auf die revolutionäre Idee, Künstler verschiedener Disziplinen unter einem Dach zu einen. Er rief so das Weimarer Bauhaus ins Leben, dessen avantgardistische Stile noch heute prägend sind. Zwei Jahre bevor das Bauhaus von der NSDAP zur Selbstaufgabe gezwungen wurde, adaptierte die Stadt Gelsenkirchen das Konzept und gründete 1931 die »Künstlersiedlung Halfmannshof«. Das alte Gehöft des Bauern Halfmann fiel bereits 1924 in städtische Hände und fand so endlich einen angemessenen Nutzen. Inmitten der Industriestadt, umgeben von Arbeiterkolonien, entwickelten die Gründungsmitglieder Josef Ahrens, Hubert Nietsch, Ludwig Schwickert, Otto Prinz und Ferdinand Mindt eine Hochburg deutscher Künste. Bildhauer, Grafiker, Fotografen, Maler und Architekten konnten sich gegenseitig beeinflussen und nebeneinander wirken. Sie lebten den Grundgedanken der vereinten Künste, der 1933 in Berlin so bitter zerschlagen wurde, fort. Die Gelsenkirchener Kunstimpulse erlangten schnell deutschlandweite Aufmerksamkeit. In den 1950er Jahren wurde eine Kunsthalle gebaut, in der unter der Leitung des Künstlersiedlungsmitglieds Ferdinand Spindel in den folgenden Jahrzehnten diverse namhafte Ausstellungen der Avantgarde stattfanden. Unter anderem stellte die international renommierte Künstlergruppe ZERO um Heinz Mack und Otto Piene ihre Exponate vor.

Vom Puppenspieler über Goldschmied, Musiker und Steinmetz bis hin zum Modezeichner – vertreten war hier schon so ziemlich jedes Genre. Auch heute leben und arbeiten noch elf freischaffende Künstlerinnen und Künstler auf dem Halfmannshof. Nach Voranmeldung bieten sie Führungen und Einblicke in ihre Ateliers an. In stimmungsvoller Umgebung kann man den Künstlern nicht nur über die Schulter schauen. Bei diversen Kursen und Seminaren wird hier von echten Meistern künstlerisches Handwerkszeug vermittelt.

Adresse Halfmannsweg 50, Gelsenkirchen-Ückendorf, www.kuenstlersiedlung.de | **Pkw** A40, Ausfahrt Gelsenkirchen-Süd (28), Richtung Gelsenkirchen (B227), rechts in die Hövelmannstraße, links in den Halfmannsweg | **ÖPNV** Bus 389, Haltestelle Halfmannsweg | **Öffnungszeiten** Termine nach Absprache | **Tipp** Eine weitere Künstlersiedlung findet man in Hagen am Stirnband (siehe Seite 152).

69__Das Musiktheater im Revier

Ein architektonisches Kunstwerk und sein theatrales Spiel

Ein Beispiel für eine gelungene Symbiose von Kunst und Architektur ist in der Gelsenkirchener Altstadt zu entdecken. Das Musiktheater im Revier (MiR) ist ein Gesamtkunstwerk. Der imposante Kubus erlaubt durch seine durchgehende Glasfront den Blick von außen auf das riesige Foyer. Die zum eckigen Baukörper kontrastreich geschwungene Rotunde des Zuschauersaals wird ebenso sichtbar wie die blauen Wandreliefs von Yves Klein. Für diese sieben mal 20 Meter großen monochromen Blickfänge entwickelte Klein unter Mitarbeit von Werner Ruhnau und Ernst Oberhoff eine spezielle Farbe – das »Gelsenkirchener Blau«. Das sonst von ihm verwendete typische Yves-Klein-Blau wollte an den Wänden des MiR nicht funktionieren. Der neue Farbton setzte sich schließlich sogar als Stadtfarbe Gelsenkirchens durch.

Doch um Kunst an dem Gebäude zu entdecken, braucht es gar nicht den Blick durch die gläserne Wand. Das dominante Äußere beherrscht seine Umgebung. Schon an der Kassenhalle wartet eine drei Meter hohe und 22 Meter lange, kantig und plastisch gestaltete Betonfront von Robert Adams auf den Betrachter. Das asymmetrische Relief wirkt gegenüber dem symmetrischen Baukörper des Theaters sehr lebhaft. Links neben dem Haupthaus steht das durch seine dunkle Farbgebung eher dezente »kleine Haus« des Theaters. Hier dominiert das Röhrendickicht von Norbert Kricker die Forderseite des Gebäudes.

Gebaut wurden die Gebäude 1959 von Werner Ruhnau. Das circa 1.000 Zuschauern Platz bietende »große Haus« und das für 325 Plätze ausgelegte kleine verfügt über ein eigenes Ballett- und Opernensemble und über das größte Landesorchester Nordrhein-Westfalens. Durch seine Inszenierungen ist das Musiktheater im Revier national etabliert und wird von Besuchern hoch geschätzt. Die faszinierende Architektur überzeugte hingegen 1997 das Denkmalamt – es gilt als bedeutendster Theaterbau der Nachkriegszeit.

Adresse Kennedyplatz, Gelsenkirchen-Altstadt, www.musiktheater-im-revier.de | **Pkw** A42, Ausfahrt Gelsenkirchen-Zentrum, rechts auf die Grothusstraße, Overwegstraße, links in die Rolandstraße, dort parken | **ÖPNV** Bahn 107, 301, 302, Haltestelle Musiktheater | **Öffnungszeiten** je nach Spielplan, bitte der Homepage entnehmen | **Tipp** In der U-Bahn-Station Musiktheater hängen zwölf Kunstwerke von Erwin W. Zimmer. Sein »Welttheater« nimmt dabei Bezug auf die europäische Kunst- und Kulturgeschichte.

70___ Der Solarbunker

Der Schalker Verein und seine Massivbauweise

Als man 1872 den Schalker Verein gründete, dachte man scheinbar, der Standort des Hüttenwerks in Gelsenkirchen-Bulmke-Hüllen würde lange Zeiten überdauern. Entsprechend massiv fielen die Bauten aus, die man errichtete. In der Tat zu massiv für Abrissbirnen. Doch die Vision des ewig währenden Werkes war zunächst durchaus realistisch. Schließlich war der Schalker Gruben- und Hüttenverein bis zum Ersten Weltkrieg lange Zeit die größte Eisengießerei Europas und somit ein wirtschaftlich wichtiger Standort. Auch der Zusammenschluss mit den »Vereinigten Stahlwerken« ließ keinen Zweifel an dem Bestand des Konzerns aufkommen. Doch mit dem Untergang des Bergbaus ging auch 1982 die Ära der Verhüttung und des Schalker Vereins (zu dem Zeitpunkt bereits Thyssen AG) zu Ende.

Übrig geblieben ist neben dem alten Schalthaus nur noch der ehemalige Erz- und Kohlebunker. Der zwölf Meter hohe und knapp 240 Meter lange trichterförmige Koloss ist so reich an Stahlbeton, dass er sich nicht mit gewöhnlichen Mitteln einreißen ließ. Der Rückbau des Betongiganten durch unkonventionelle Lösungen ist schon aus Kostengründen nicht tragbar. So markiert er noch immer eindrucksvoll das einstige Gelände des Schalker Vereins. Im Laufe der nächsten Jahre wird das Areal zu einem neuen Stadtquartier mit Wohn-, Gewerbe-, und Grünflächen ausgebaut. Als Eingangsportal soll die alte Schaltzentrale auf dem Bastionsplatz dienen.

Der Bunker hat sich mittlerweile den fossilen Brennstoffen ab- und den erneuerbaren Energien zugewandt. Auf seinem fast 6.000 Quadratmeter großen Dach befindet sich seit 2008 eine riesige Solarzellenlandschaft. Sie macht den Bunker zu der größten Sonnenenergieanlage der »Solarstadt Gelsenkirchen« und zu einem Paradebeispiel für den Strukturwandel des Ruhrgebiets. Nostalgiker versetzt die Kulisse des grauen Solarbunkers jedoch noch heute zurück in die Zeit der Montanindustrie.

Adresse Hohenzollernstraße/Ecke Wildenbruchstraße, Gelsenkirchen-Bulmke-Hüllen | **Pkw** A42, Ausfahrt Gelsenkirchen-Zentrum (16), Richtung Zentrum, links in die Hiberniastraße, diese wird zur Wildenbruchstraße | **ÖPNV** Bus 383, Haltestelle Feuerwehr | **Tipp** Auch der Wissenschaftspark widmet sich der erneuerbaren Energie. Nur einige Autominuten entfernt, bietet er spannende Führungen mit unterschiedlicher Thematik.

71__ Die Windhundrennbahn

Eine Rennbahn für windschnittige Vierbeiner

Inmitten der Resser Mark am Rande Gelsenkirchens befindet sich bereits seit 1992 das 130.000 Quadratmeter große Mekka des Hundesports. Hier sitzt der »Windhund-Rennverein Westfalen-Ruhr e.V.« und bietet den Vierbeinern Platz zur Selbstverwirklichung und ihren Haltern Wettkampffieber – oder umgekehrt.

Neben ausgedehnten Ausläufen und Wiesenflächen bildet die Rennbahn das Kernstück des Geländes. Mit einer Bahnlänge von 400 Metern nimmt sie gleiche Ausmaße an wie die Kampfstätten, auf denen die Zweibeiner sonst um Ruhm und Medaillen wetteifern. Allerdings wird hier nicht auf Tartan oder Asche gelaufen.

2008 wurde das Grasgeläuf in eine Sandbahn umgebaut, auf der Spitzengeschwindigkeiten von 60 Stundenkilometern erreicht werden können. Zu solchen Höchstleistungen werden die Windhunde durch den auf einer Schiene laufenden, motorisierten »Hasen« angespornt. Nicht nur dem Publikum bietet die stimmungsvolle Rennbahn skurrile Rennatmosphäre. Umgeben vom idyllischen Auwald des Emscherbruchs, scheinen sich Afghanen, italienische Windspiele, Whippets, Greyhounds und Co. sichtlich wohlzufühlen.

Neben den regulären Rennen bietet die Anlage an der Stadtgrenze zu Herne noch »Coursing« an. Dabei wird auf offenem Gelände eine Jagd simuliert, indem der künstliche »Hase« dank Umlenkrollen Haken schlägt. Bei dem zweimal im Jahr stattfindenden »Jederhundrennen« dürfen Hunde aller Rassen an den Start gehen.

Ebenso spektakulär wie die Rennen sind die Namen der hier gemeldeten Läufer. Wauzis, Bellos oder Hassos sucht man vergebens. Die poetisch anmutenden Namen lassen eher Assoziationen mit Adelsgeschlechtern zu – so schreitet beispielsweise ein »Keaton vom kleinen Berg«, ein »Xerxes vom Märchenland« oder ein »Merlin vom Monarchenhügel« stolzen Hauptes aufs Treppchen. Ruhm und Medaillen gibt es auch in Gelsenkirchen-Resse. Doch kommt hier wohl noch das wohlverdiente Leckerli hinzu.

Adresse Wiedehopfstraße 197, Gelsenkirchen-Resse, www.wrv-westfalen-ruhr.de | **Pkw**
A42, Ausfahrt Herne-Wanne (19) links, dann 1. Ampel links und 2. Straße rechts in die
Wiedehopfstraße | **Öffnungszeiten** Renntage bitte der Homepage entnehmen | **Tipp** Süd-
lich der Rennbahn lockt die Künstlerzeche »Unser Fritz« mit Ausstellungen und Veranstaltungen.

72 Am Stirnband

Villa Cuno, der Hohenhof und die Künstlerkolonie Hohenhagen

1909 lud der Kunstmäzen Karl Ernst Osthaus privilegierte Künstler und namhafte Architekten wie Peter Behrens, Henry van de Velde und Johannes Ludovicus Mathieu Lauweriks nach Hagen-Ernst ein und initiierte die Künstlerkolonie Hohenhagen. Diese Gebäude sollten als Zentrum einer geplanten Gartenstadt entstehen und einen Gegenpol zur industrialisierten Landschaft bilden. Dabei sollte Osthaus' entwickeltes »Folkwang-Konzept«, wonach Kunst und Leben versöhnbar sind, umgesetzt werden. Insgesamt entstanden 16 verschiedene Villen rund um die Straßen Am Stirnband und Haßleyer Straße.

Neun der Jugendstilbauten entstammen dem Reißbrett des Niederländers Lauweriks. Seine nebeneinanderliegenden, individuell gestalteten Häuser bilden durch seine entwickelte arithmetisch-geometrische Systemlehre eine geschlossene Einheit. Er nimmt dabei Linien und Fluchten der Bauten auf und setzt sie an anderen Gebäuden fort. Sich aufeinander beziehende Giebel, die einheitliche Firsthöhe, gleiche Farben und wiederkehrende Bauelemente wie Muschelkalk und Schieferdächer verstärken den Effekt der Zugehörigkeit. Die Villen, in denen Künstler wie Milly Steger und Thorn Prikker lebten und wirkten, sind noch heute original erhalten.

Im Auftrag Osthaus' entwickelte Peter Behrens die Residenz des damaligen Oberbürgermeisters Willi Cuno. Die prachtvolle »Villa Cuno« mit ihrem kubischen Baukörper besticht trotz ihrer abgestuften Fassade durch strenge Schlichtheit. Im Kontrast dazu steht der von Henry van de Velde gebaute Hohenhof. Das riesige Anwesen diente dem Mäzen Osthaus nicht nur als Wohnsitz. 1920 richtete er hier eine Reformschule ein, die aber durch seinen frühen Tod 1921 ein schnelles Ende fand. Das großflächige Gelände blieb als Gesamtkunstwerk erhalten und befindet sich heute im Besitz der Stadt Hagen. Der Hohenhof ist mittlerweile für die Öffentlichkeit zugänglich.

Adresse Am Stirnband, Hagen-Ernst | **Pkw** A46, Ausfahrt Richtung Feithstraße, Boele, Emst, Halden, links auf die Feithstraße, links auf Am Stirnband | **ÖPNV** Bus 527, 534, Haltestelle Stirnband | **Öffnungszeiten** Hohenhof: Sa, So 11–18 Uhr | **Tipp** Am Museumsplatz befindet sich das Osthaus-Museum mit Werken der Klassischen Moderne und des Expressionismus. Zusammen mit dem Emil Schuhmacher Museum bildet es das sehenswerte »Kunstquartier«.

73_ Das Planetenmodell

Unser Sonnensystem im Mikrokosmos Ruhrgebiet

Es begann mit einer riesigen Staubwolke, die in sich zusammenfiel – unser Sonnensystem. Die astronomischen Maßstäbe, die dieses Gefüge mit seinen acht Planeten und seinem Zentralgestirn aufbringt, sind kaum vorstellbar – und in Hagen doch sichtbar gemacht worden.

Schon 1959 kam der Hagener Stadtarchivar Walter K. B. Holz auf die Idee, ein Planetenmodell maßstabsgetreu nachzustellen, und setzte dies 1971 um. Als Modelllandschaft dient dabei die Fläche des gesamten Stadtgebiets. Das Zentralgestirn wird durch eine im Maßstab eins zu einer Milliarde vergoldete, 1,39 Meter durchmessende Holzsonne im Ratskeller des Rathauses dargestellt. Von hier beginnt die Wanderung durch das Sonnensystem beziehungsweise durch Hagen. Der erste Planet Merkur ist nur 57 Meter entfernt auf dem Friedrich-Ebert-Platz in Form von zwei Bodenplatten anzutreffen. Sie beschreiben sein Erscheinungsbild und demonstrieren seine »Größe« (im Modell nur 0,49 Zentimeter). Die drei weiteren inneren Planeten liegen noch bequem erreichbar, ebenfalls in der Hagener Innenstadt. Verteilt auf ihre maßstabsgetreuen Kreisbahnen, sind so pro Planet bis zu vier Bodenplatten zu sehen.

Die äußeren Planeten und der Zwergplanet Pluto liegen bereits im Umland bis zu 5,9 Kilometer von der Hagener Sonne entfernt. Um die versteckten Planeten zu entdecken, empfiehlt sich eine von der Hagener Sternwarte initiierte Führung.

1998 wurde die Lücke zwischen Mars und Jupiter durch die Planetoidenplatte gefüllt. Ceres gilt als größter Gesteinsbrocken dieses Asteroidengürtels. Hier bildete sich nie ein Planet aus, da Jupiter alle elf Jahre mit seiner gigantischen Anziehungskraft vorbeizog, alles wieder auseinanderriss und zu dem Gesteinsgürtel verteilte. Neben der dazugehörigen Bodenplatte im Hagener Volkspark steht das »Astrozentrum« – eine acht Meter hohe Zentralplastik mit Gedenktafel für Walter K. B. Holz.

Adresse der Sonne: Rathausstraße 1, Hagen, www.planetenmodell-hagen.de | **Pkw** über A45 auf A46 und der Beschilderung Richtung Zentrum folgen | **ÖPNV** diverse Linien bis Hagen Hbf | **Tipp** Die Hagener Sternwarte Am Eugen-Richter-Turm bietet Astronomie für alle. Führungen durchs Planetenmodell werden angeboten. Im Bochumer Planetarium kann man weiter durch die endlosen Räume des Weltalls wandern.

74 __ Der Feuerwachturm

Der dreibeinige Herrscher der Haard

Das gemütliche Dorf Flaesheim südlich von Haltern ist seit März 2010 um eine Attraktion reicher. Mitten in dem angrenzenden Waldgebiet steht hier der neue Feuerwachturm, von dem sich ein märchenhafter Blick über die Haard und darüber hinaus genießen lässt.

Die Haard. Ein 55 Quadratkilometer großes, welliges Waldgebiet am Rande des nördlichen Ruhrgebiets inmitten des Naturparks Hohe Mark. Ein nahezu unbebautes Fleckchen riesigen Mischwalds. Lediglich ein Wellnesswaldhotel, eine Landstraße und drei Feuerwachtürme zeugen von der Existenz einer höher entwickelten Spezies. Die zahlreichen weitläufigen Wanderwege mal ausgenommen.

Die Feuerwachtürme mit saisonaler und wetterbedingter Ein-Mann-Besetzung sorgen hier für Feuerfrühwarnredundanz. Nahezu jede Senke zwischen den zahlreichen, bis zu 153 Meter hohen Erhebungen ist auf Rauchentwicklung hin beobachtbar – Löscheinsätze können koordiniert, Löschmannschaften gelotst werden. Neben seinem pragmatischen Nutzen und der funktionalen Notwendigkeit bietet der 35 Meter hohe, dreibeinige Stahlkoloss auf dem Rennberg unternehmungslustigen Wanderern, die sich in die Tiefen der Haard hineinwagen, einen sagenhaften Rundumblick. Bei klarer Sicht kann vom Teutoburger Wald bis runter an den Niederrhein geschaut werden.

Sagenhaft ist neben dem imponierenden Ausblick die Haard selbst. Sie umschließt Landschaften mit so kuriosen Namen wie »Arschbacken«, »In den Wellen« und »Jammertal«. Hier hauste einst ein Kobold. Das »kleine Männlein« verfolgte der Legende nach Wanderer und wuchs, sobald es entdeckt wurde, zu gigantischer Größe an. Nur der richtige Bibelvers ließ es schrumpfen und verscheuchen. Noch so manche andere Sage, Geschichte und Mär erzählt von Hexen, Zwergen und Fabelwesen, die in der Haard ihr Unwesen trieben und die Bewohner Dattelns, Halterns, Oer-Erkenschwicks und Marls in Angst und Schrecken versetzten.

Adresse Zum Dachsberg, Haltern am See-Flaesheim | Pkw A52 oder A43, Kreuz Marl-Nord (9), Richtung Flaesheim (A52), rechts auf die Flaesheimer Straße, rechts auf Am Dachsberg, ab hier folgt ein halbstündiger Fußmarsch durch die Haard zum Feuerwach-turm | Tipp Eine weitere Flaesheimer Attraktion ist seine Kanalschleuse von 1929 am Wesel-Datteln-Kanal.

75__ Der Silbersee

Ein Baggerloch mit wertvollen Schätzen

Streng genommen ist es gar kein Silbersee, der hier angepriesen wird – es sind gleich vier. Um nicht die Übersicht zu verlieren, wurden die dicht beieinanderliegenden, durch Absandungen entstandenen Gewässer der Einfachheit halber von West nach Ost Silbersee I bis Silbersee IV getauft. Feinster, großflächiger Sandstrand, abgelegen zwischen dichtem Baumbewuchs, und gesundes Wasser mit reichhaltigem Artenbestand machen sie zu einem attraktiven und naturnahen Ausflugsziel. Nicht zu verwechseln sollte man die Silberseen mit dem Stausee, der der Stadt ihren Beinamen gibt.

Die in den 1980er Jahren noch widerrechtlich genutzten Baggerlöcher wurden durch ein erfolgreiches Konzept zur Folgenutzung Schwimmbegeisterten 1995 offiziell zugänglich gemacht – die Umgebung wurde renaturiert, sanitäre Anlagen und Parkmöglichkeiten errichtet.

Der Schatz, der hier in den Silberseen schlummert, besteht nicht, wie der Name vermuten ließe, aus dem kostbaren Edelmetall. Was hier im Nassbauverfahren noch heute gefördert wird, ist der qualitativ hochwertige »Halterner Quarzsand«. Dass Siliziumdioxid ebenso wertvoll wie das silberne Edelmetall sein kann, zeigt sein Nutzen in der Computertechnologie: Silizium ist ein wichtiger Bestandteil sämtlicher Platinen. Dass Glas seit Jahrhunderten aus Quarzsand gebrannt wird, ist wohl auch nichts Neues. Die wirtschaftliche Bedeutung des in der Kreidezeit gebildeten, in Haltern besonders reinen Gesteins für die Region lässt sich erahnen. Sandabgrabungen sind hier schon von anno dazumal beurkundet; 1890 übernahmen die Rheinischen Sandwerke und 1924 die Quarzwerke GmbH die Aushebung der Seenplatte zwecks Sandgewinnung. Im idyllischen Norden des Ruhrgebiets hat sich somit parallel zur Kohle ein Industriezweig entwickelt, der ebenso wertvolle Bodenschätze zutage fördert. Und auch hier ist die Urbarmachung einer Industrielandschaft gelungen.

Adresse Zum Vogelsberg, Haltern am See-Sythen | **Pkw** A43, Ausfahrt Lavesum (7), Richtung Sythen, links auf die Münsterstraße, dann links zum Vogelsberg | **ÖPNV** Bus 273, Haltestelle Silbersee | **Tipp** Das LWL-Römermuseum in Haltern am See berichtet mit seinen beeindruckenden Funden über den wichtigen Römerstützpunkt. Hier waren einst mehr Legionäre stationiert als irgendwo sonst im Römischen Reich.

76__ Der Hindutempel

Ein tamilischer Großtempel mitten im Ruhrgebiet

Den Hammern ist nicht nur ihr Glaselefant heilig – da laut hinduistischer Lehre der Kuh das Privileg der Heiligkeit zusteht, wird auch ihr im Osten Hamms seit 2002 Respekt gezollt. Hier steht der Hindutempel »Sri Kamadchi Ampal«. Die tamilische Hindugemeinde selbst besteht bereits seit 1989 und setzt sich aus mehr als 3.000 Gläubigen aus ganz Nordrhein-Westfalen zusammen. Mit seinen 27 mal 27 Metern Grundfläche ist der tamilische Tempel der größte Europas. Sein Bau wurde hauptsächlich durch Spendengelder und Eigenleistungen finanziert und vom Architekten Heinz-Rainer Eichhorst umgesetzt. Dabei galten strenge Regeln des »Shilpa-Shastra« – dem Handbuch hinduistischer Architektur: Neben der Ost-West-Ausrichtung war unter anderem die Nähe zu Fließwasser (hier der Datteln-Hamm-Kanal) für rituelle Waschzeremonien zwingend.

Der Hinduismus drückt durch seine »Einheit in der Vielfalt« seinen Glauben an das eine, den Brahman, aus. Die daraus abgeleitete Kaste der Brahmanen übt die priesterlichen Dienste aus. Der Hammer Oberpriester wird bei seinen Gottesdiensten von teils aus Indien abgestellten Priestern unterstützt. Nur ihnen ist der Zugang zu den elf bunten Schreinen der verschiedenen Götter gewährt. Zu sehen gibt es von der faszinierenden Hinduwelt aber auch außerhalb der Schreine genug. Der 17 Meter hohe, mit 200 Götterabbildern flankierte Turm (Gopuram) ist das Portal zum Tempel – sowohl für Menschen als auch für himmlische Energien. Im zweiten, tempelmittigen Turm befindet sich das heiligste Areal des Tempels, das »Garbhagriha«. Hier, über dem Zentralschrein, sind bei der Puja (Gebetsritual) die Götter präsent. Ihnen werden Obstschalen geopfert.

Der Hammer Tempel ist der Göttin »Kamadchi« gewidmet. Ihr reich geschmücktes Abbild wird bei dem für jedermann zugänglichen alljährlichen Tempelfest mit seinem großen Stadtumzug durch Hamm getragen.

Adresse Siegenbeckstraße 4, Hamm-Uentrop, www.kamadchi-ampal.de | **Pkw** A2, Ausfahrt Hamm-Uentrop, Richtung Ahlen, Soest, Lippetal, 1. links auf die Zollstraße, dann der Beschilderung folgen | **ÖPNV** Bus 33 oder Taxi-Bus T33, Haltestelle Kranstraße | **Öffnungszeiten** ganzjährig tagsüber | **Tipp** Nun steht noch der Glaselefant im Hammer Maximilianpark (Alter Grenzweg, circa zehn Autominuten) auf dem Programm.

77___Das FEUER.WEHRK

An der Henrichshütte springt der Funke über

Faszination Feuer. Seit jeher zieht die Kraft des entfesselten Elements die Menschen in seinen Bann. Ob knisterndes Lagerfeuer oder wütende Brandwalzen, Feuer ist ein spektakuläres Naturschauspiel – gefährlich und todbringend. Die Geschichte der Brandbekämpfung ist ebenso spannend – einmal Feuerwehrmann sein ist ein oft gehegter Kindheitstraum.

Seit 1997 hat man die Möglichkeit, in Hattingen den Werdegang der Feuerwehren hautnah zu erleben. Eine Industriehalle der alten Henrichshütte dient als Ausstellungsfläche des größten Feuerwehrmuseums Nordrhein-Westfalens – dem FEUER.WEHRK. Auf über 4.000 Quadratmetern wird die Geschichte der Brandbekämpfung seit Ende des Zweiten Weltkriegs mit zahlreichen Exponaten und einem beeindruckenden Fuhrpark veranschaulicht. Das älteste der über 50 Löschfahrzeuge stammt dabei noch aus dem Jahr 1942.

Von der ehemaligen Eisenhütte inspiriert, hat sich das Museum auf einen spannenden Teilbereich der Brandbekämpfung spezialisiert: die Geschichte der Werksfeuerwehren. Dieser bisher übersehene Aspekt professioneller Feuerbekämpfung in Großindustrien brachte jede Menge hoch spezialisierter Löschfahrzeuge hervor. Ausgestellt werden hier Pumpen, Leiterwagen, Schutzbekleidung, Armaturen, Hydranten und alles, was sonst noch so zum Rettungs- und Löschwesen der Feuerwehren gehört.

Entstanden ist die Sammlung in kompletter Eigenregie eines Fördervereins. Lediglich die schon der Abrissbirne versprochene Halle wurde von Stadt und Land dem Museum zur Verfügung gestellt. Sie diente der Henrichshütte als mechanische Bearbeitungswerkstatt und bietet nun den roten Riesen eine tolle Industriekulisse.

Ein nostalgischer Löschtrupp mit Leiterwagen steht zum Ausrücken für Showeinsätze bereit. Sowohl mobil wie stationär wird so zwischen den alten Feuerwehrautos moderne Brandverhütung anschaulich dargestellt und für die Gefahren des Feuers sensibilisiert.

Adresse Henrichsallee 2, Hattingen-Welper, www.FeuerImRevier.de | **Pkw** über B51 Richtung Hattingen-Zentrum, Beschilderung »Route der Industriekultur: Henrichshütte« folgen | **ÖPNV** Bus C31, 558, Schnellbus 37, Haltestelle Henrichshütte | **Öffnungszeiten** Besuch nur für geführte Gruppen nach Anmeldung | **Tipp** Das ehemalige Hattinger Stahlwerk Henrichshütte mit seinem ältesten noch erhaltenen Hochofen des Ruhrgebiets ist ebenfalls einen Besuch wert.

78__ Die Wachszinshäuser

… und ihre historische Altstadt

Postkartenidylle im Herzen des Ruhrgebiets – in Hattingen präsentiert sich eine der schönsten Altstädte Deutschlands. Inmitten der circa 140 erhaltenen und restaurierten Fachwerkhäuser rund um die St.-Georgs-Kirche fühlt sich der Besucher ins Mittelalter zurückversetzt. Rund um den Kirchplatz, auf dem noch Grabsteine eines alten Friedhofs von 1813 zu sehen sind, stehen die ältesten Häuser Hattingens – die Wachszinshäuser. Sie konnten bis auf das Jahr 1505 zurückdatiert werden. Ihre Bewohner zahlten hier keine Steuern. Sie leisteten ihre Abgaben in Form von Bienenwachs, der für die Kirchenkerzenherstellung benötigt wurde. Die malerischen Wachszinshäuser bilden einen fast geschlossenen Gebäudering, der den Kirchplatz umschließt und nur durch schmale Passagen, den »Röstern«, zugänglich macht. Die »Röster« versperrten einst mit angebrachten Eisenrosten dem in der Stadt frei herumlaufenden Nutzvieh den Zugang zum Kirchplatz. Durch den Einsturz eines der Häuser ist mittlerweile ein befahrbarer Zugang entstanden.

Die vorspringenden Obergeschosse der Hattinger Fachwerkhäuser ruhen auf reich verzierten Knaggen. Die hölzernen Stützbalken wurden durch bunte Voluten und aufwendige Maskenschnitzereien ergänzt und symbolisierten Ruhm und Reichtum der ehemaligen Hansestadt.

Repräsentativ für dieses mittelalterliche Stadtpanorama ist das Bügeleisenhaus. Seine spitz zulaufende Grundfläche verlieh dem Gebäude seinen Namen und machte es überregional bekannt. Der auffällige Bau entstand 1611 als Wohnhaus eines Kaufmanns. Im Laufe der Jahrhunderte musste er einige Umbauten über sich ergehen lassen. Durch seine Restaurierung konnte das Bügeleisenhaus jedoch wieder zu seiner nahezu ursprünglichen Gestalt gelangen. Neben einem sechs Meter tiefen, noch immer Grundwasser führenden Brunnen findet sich in seinem Inneren heute Hattingens Heimatmuseum.

Adresse Hattingen-Altstadt, www.heimatverein-hattingen.de | **Pkw** über B51 Richtung Hattingen, Beschilderung Zentrum folgen | **ÖPNV** Bus 308, DB S3, Haltestelle Hattingen-Mitte | **Öffnungszeiten** Heimatmuseum ausschließlich sonntags geöffnet | **Tipp** Den erbitterten Kampf um den Stahlstandort Hattingen hat der polnische Künstler Zbigniew Fraczkiewicz mit seinen »Eisenmännern« visualisiert. Die rostenden Stahlskulpturen zieren die Hattinger Stadtmauer in der Nähe des Steinhagens.

79___ Das Minihotel

Das Kleinstdomizil und sein Bachviertel

Das Städtchen Herdecke wird von seiner schönen Altstadt geprägt. Mittendrin steht das Minihotel. Auf einer Grundstücksfläche von gerade mal 68 Quadratmetern ist es zwar winzig, aber doch von großem Reiz. Mit nur drei Hotelzimmern ist es wohl eins der kleinsten Hotels weltweit. Aber nicht aus Mangel an Besuchern in Herdecke wurde es so minimalistisch gehalten. Das geschichtsträchtige Häuschen bietet eine romantische Kulisse, die es wert war, touristisch erschlossen zu werden.

Das urige Fachwerkhaus aus der Mitte des 18. Jahrhunderts ist fachmännisch restauriert worden und bietet nun seit 1975 bis zu vier Gästen Luxus auf kleinstem Raum. Die zwei stilvollen Einzel- und das Doppelzimmer sind mit modernsten sanitären Anlagen ausgerüstet. Das Hotel dient oft als Anlaufstelle für Pilger des durch Herdecke laufenden Jakobswegs. Hier befindet sich die entsprechende »Pilgerstempelstelle«.

Direkt am Bachplatz gelegen, steht das kleine Hotel zentral im sogenannten Bachviertel, der historischen Altstadt Herdeckes. Von hier aus lässt sich der alte Ortskern mit seinen restaurierten Fachwerkhäusern überblicken, die urige Gaststätte »Olle Bé« direkt neben dem Hotel ist Szenetreffpunkt und Kultkneipe. Der den Bachplatz teilende Herdecker Bach mit seinen Fußgängerbrücken verleiht dem Bachviertel ein idyllisches Flair. Doch hinter dem ersten Bild eines verschlafenen Nestes steckt eine moderne Stadt mit zahlreichen Cafés und Einkaufsmöglichkeiten.

Der Sackträgerbrunnen am Rande des Bachviertels erinnert an die geschichtliche Bedeutung der Stadt. 1355 erhielt das damalige Dorf Herdecke unter anderem wegen seiner bedeutenden Ruhrbrücke Marktrecht und war so ein wichtiger Getreideumschlagpunkt der Region. Historisch nicht ganz so bedeutend, aber immerhin lückenlos nachhaltbar ist die Geschichte des Minihotels. Es war einst ein schlichtes Bürgerwohnhaus.

Adresse Bachplatz 18, Herdecke-Stadtmitte, www.minihotel-herdecke.de | **Pkw** A45, Ausfahrt Dortmund-Süd (8), Richtung Herdecke, der B54 folgen bis Ausfahrt Herdecke-Zentrum, über die Hengsteystraße rechts in die Neue Bachstraße. | **Tipp** Imposant ist das Herdecker Ruhr-Viadukt. Vom Bachviertel aus ist es fußläufig zu erreichen.

80___ Die Vögler Villa

Ein amerikanischer Landsitz im französischen Barock

Ursprünglich wurde das »Haus Ende« 1911 vom Mitbegründer des Rheinisch-Westfälischen Kohle-Syndikats Robert Müser erbaut. Der geheime Kommerzienrat und Großunternehmer der Harpener Bergbau AG, nach dem in Bochum sogar eine Zeche benannt wurde, erschuf sich damit in bester Lage auf dem Ardeygebirge seinen skurrilen Herrensitz. Die Industriellenvilla wird in der Denkmalliste der Stadt Herdecke als »höchst eigenwillige Synthese aus amerikanischem Landsitz und französischem Schlossbau des Barocks mit mannigfachem Jugendstil« beschrieben.

Den amerikanischen Landsitzstil adaptierte Müser dabei wahrscheinlich aus seiner Studienzeit in den USA. Die Symbiose mit dem in Europa florierenden Jugendstil erschuf in der Tat einen ganz eigentümlichen Bau. Doch Müser verkaufte seinen sehenswerten Prachtbau bereits 1919 an Albert Vögler. Die dunkle Geschichte des »Haus Ende« begann.

Ursprünglich war Albert Vögler Generaldirektor der »Vereinigten Stahlwerke« und so mit dem Industriellen Hugo Stinnes eng vertraut. Sein neuer Wohnsitz, das »Haus Ende«, war der perfekte repräsentative Ort, um Adolf Hitlers Gunst zu gewinnen. Vögler ließ sogar eigens für Hitler Bunker- und Sicherungsanlagen auf dem Gelände errichten. Obwohl nie Mitglied der NSDAP, machte Albert Vögler Karriere in Hitlers Regime. An der Seite von Albert Speer war er im Rüstungsministerium tätig. Ihm unterstand die Rüstungs- und Kriegsproduktion im Ruhrgebiet.

Nach dem Selbstmord Vöglers im April 1945 und nach dem Krieg ging der erhalten gebliebene Landsitz an die amerikanische Militärverwaltung. Diese übergab das außergewöhnliche Haus der Stadt Herdecke unter strikten Auflagen: Das Gebäude sollte fortan sozialen Zwecken dienen. Heute ist hier eine Zivildienstschule untergebracht. Trotz der zeitweiligen ruhmlosen Vergangenheit ist der Charme des »barocken, amerikanischen Jugendstils« noch heute spürbar.

Adresse Ostender Weg 21, Herdecke-Ostende | **Pkw** A45, Ausfahrt Dortmund Süd (8), auf B54 Richtung Herdecke, bei Dortmunder Landstraße rechts, 1. rechts auf die Gahlenfeldstraße, Beschilderung Zivildienstschule folgen | **ÖPNV** DB RB52 bis Haltestelle Wittbräucke, dann circa 10 Minuten Fußweg | **Tipp** Das unter Denkmalschutz stehende Koepchenwerk war das erste Pumpspeicherkraftwerk Deutschlands und ist nun eine markante Landmarke am nahe gelegenen Hengsteysee.

81 Der Gysenbergpark

Der Revierpark und die Hügelgräber

Der Gysenberg ist ein von Bochum kommender Ausläufer des Ardeygebirges. Mit seinen bescheidenen 120 Metern ist er zwar nicht Hernes höchste Erhebung, ragt aber dennoch eindrucksvoll in das Emschertal hinein. Ein dichter Buchenbestand auf seinem Scheitel bildet den Gysenberger Wald. Zu seinen Füßen wurde 1970 der erste Revierpark des Ruhrgebiets angelegt.

Die Idee hinter den Revierparks war die Kombination von Sport-, Spiel- und Erholungsmöglichkeiten in großzügigen Parkanlagen inmitten dicht besiedelter Wohnviertel. Um ein möglichst großes Einzugsgebiet zu gewährleisten und den Park überkommunal zu erschließen, wurde dabei die Nähe zu Stadtgrenzen gewählt. So entstanden im Ruhrgebiet der 1970er Jahre insgesamt fünf solcher Revierparks: Nienhausen in Gelsenkirchen, Vonderort in Oberhausen, Mattlerbusch in Duisburg, Wischlingen in Dortmund und eben der Gysenbergpark an der Herner Südgrenze zu Bochum und Castrop-Rauxel.

In der freiflächenarmen Emscherregion entstanden so beliebte Freizeitstätten, die nun im Rahmen der »Internationalen Bauausstellung Emscher«, ab 1989 mit einem Radwegenetz vereint, als Basis des Grünzugs »Emscher Landschaftspark« dienen.

Trotz des gemeinsamen Konzepts spektakulärer Badelandschaften, ausgedehnter Freiflächen und einfacher Gastronomie entwickelte der Herner Revierpark einen individuellen Charme. Mit seiner direkten Einbindung in den Wald- und Wiesenhügel Gysenberg birgt er dabei eine Reihe morbider Geheimnisse. So liegen auf der Kuppe der Erhebung zwölf 4.000 Jahre alte Hügelgräber. Die kreisrunden und bis zu einem Meter hoch gewölbten Ruhestätten haben einen Durchmesser von circa zehn Metern. Bisher hatte die Stadt Herne noch kein Interesse, dieses kulturgeschichtliche Erbe entsprechend zu wahren. Wer sie daher nicht direkt wahrnimmt, kann hier mit dem Bewusstsein spazieren gehen, sich auf historisch relevantem Boden zu bewegen.

Adresse Am Revierpark 40, Herne-Sodingen, www.gysenberg.de | **Pkw** A42, Ausfahrt Herne-Börnig (24), Richtung Sodingen über die Sodinger Straße, links Am Revierpark | **ÖPNV** Bus 321, 323, 333, Haltestelle Gysenbergpark/LAGO | **Tipp** Neben dem Freizeit- und Erlebnisbad LAGO ist auch ein Besuch des »Haus Galland« für die Freunde gehobener Küche zu empfehlen.

82___Die Hühnerleiter

Die Zechensiedlung ohne offiziellen Namen

Frei laufende Hühner gab es hier sicherlich mal reichlich. Doch waren sie nicht ausschlaggebend für die inoffizielle Namensgebung der Straßenzüge im nördlichen Wanne. Der aus dem Volksmund stammende Name »Hühnerleitersiedlung« der Zechenkolonie ergibt sich aus den fünf parallel gebauten kleinen Straßen, die wie Leitersprossen zwischen Feldstraße (ab 1926 Emscherstraße) im Westen und Hammerschmidtstraße im Osten gequetscht wurden.

Angefangen hatte es 1902 mit der Bebauung der »ersten Sprosse« Vereinsstraße durch den Architekten Paul Spanier. Bis 1910 folgten die Hüttenstraße, die Schalkestraße, die Mathildenstraße und die Glückaufstraße mit ihren reizvollen 1,5- bis 2,5-geschossigen Gebäuden. Der Bebauungsplan sah dabei eine deutliche visuelle Abgrenzung von der nördlicher gelegenen »Kolonie der Zeche Pluto« vor. So sind die 153 Siedlungshäuser, die sich auf der Hühnerleiter zusammenpferchen, mit reichlich dekorativem Stuck und floralen Jugendstilornamenten versehen. Dabei gab es fünf verschiedene Häusertypen, die sich auf ihrer Hühnerleiter abwechselten. Sie vermitteln noch heute einen homogenen und stimmungsvollen Gesamteindruck.

Durch gravierende Umbaumaßnahmen von den Wohnungs- und Hauseigentümern an der Bausubstanz der Gebäude ab 1987 musste ein Denkmalschutzantrag seitens der Behörden abgelehnt werden. Um die Siedlung, die tatsächlich nie einen offiziellen Namen hatte, dennoch zu erhalten und ihr nicht durch weitere Veränderungen endgültig ihren Charme zu stehlen, wurde seitens der Stadt Herne eine entsprechende »Erhaltungssatzung« zur Wahrung der Hühnerleitersiedlung verabschiedet.

Wie viele Zechensiedlungen besitzt auch die Hühnerleiter bis zu 300 Quadratmeter große Innenhöfe. Die schönen Gärten dienten einst dem pragmatischen Zweck der agrarkulturellen Selbstversorgung – selbstverständlich auch der Hühnerhaltung.

Adresse Vereinsstraße, Hüttenstraße, Schalkestraße, Mathildenstraße und Glückaufstraße, Herne-Wanne | **Pkw** A42, Ausfahrt Herne-Wanne (19), Richtung Herne, nach circa 200 Metern gehen rechts nacheinander die fünf »Leitersprossen« ab | **ÖPNV** Bus 328, 384, 387 oder Schnellbus 27, Haltestelle Mondpalast | **Tipp** Im gegenüberliegenden Stadtgarten befindet sich der »Mondpalast«. Stratmanns Volkstheater bietet Revue, Kabarett, Varieté und Co. auf hohem Niveau.

83__ Der Kunstwald

Die Zeche Teutoburgia als Objektlandschaft

Schon am Eingang des Kunstwaldes wird man von einem riesigen, begrünten »Fußgänger« begrüßt. Einst ein metallenes Monument, steht die zwölf Meter hohe Skulptur von Monika Günther und Manfred Walz nun durch ihre pflanzlich-organische Durch- und Überwucherung symbolisch für das gewachsene Leben zwischen der Stahlindustrie des Ruhrgebiets.

Der »Fußgänger« lädt dazu ein, den gesamten Kunstwald zu erkunden. Das kleine Waldstück am südlichen Rande des Landschaftsparks Bladenhorst bildet eine Kunstlandschaft, die den Bezug zu ihrer alten Zeche Teutoburgia sucht. Dafür wurde der alte Bergmannsort naturnah umgestaltet. Das ehemalige Werksgelände wird nicht nur metaphorisch aufgegriffen, sondern direkt mit eingebunden. Alte Umgrenzungsmauerreste werden zum von Hermann Kassel inszenierten »Ariadnefaden«, der sicher den Weg in den Kunstwald hinein- und wieder hinausweist. Eine weitere Backsteinmauer greift den Grundriss der alten Schachtanlage auf und umschließt den »Eingesenkten Platz« von Klaus Gärtner. Er spielt auf die lokale Architektur sowie auf die im Ruhrgebiet durch den Bergbau entstandenen Bodensenkungen an.

Insgesamt acht Künstler haben mit ihren Installationen zum Kunstwald beigetragen. Mittelpunkt ist der noch gut erhaltene Förderturm aus dem Jahr 1908, der nachts spektakulär beleuchtet wird. Interessant ist der Vorplatz der alten Maschinenhalle. Die eigenwillige Grundform der Bodenpflasterung entpuppt sich als der in die Erde gebannte Schattenwurf des ehemaligen Zechengebäudes. Die »Aufgeklappte Fassade« von Magret Cramer wird so zur ausgelagerten Begrüßungsfläche der renovierten Halle, welche sowohl als Atelier als auch für kulturelle Veranstaltungen genutzt wird.

Ein Obelisk, sogenannte »Zitatensteine« und »Wendepunkte«, der Duft- und Klanggarten und eben dichter Baumbewuchs komplettieren das Zechenareal zu einem tollen Kunstwald.

Adresse Schadeburgstraße, Herne-Börnig, www.kunstwald.de | **Pkw** A42 bis Ausfahrt Herne-Börnig (24), Richtung Herne-Börnig, Beschilderung Siedlung Teutoburgia folgen, 2. Kreuzung links in Schadeburgstraße | **ÖPNV** Bus 311, Haltestelle Schreberstraße, circa 200 Meter Fußweg entlang der Schadeburgstraße. | **Tipp** Sehenswert ist auch die Zechensiedlung Teutoburgia auf der gegenüberliegenden Seite der Schadenburgstraße.

84___Das Burgenland
Die Kunstachse und der Schlosspark

Wandert man südlich an den Fischteichen des Hertener Schlosses vorbei, stößt man mittig beider Weiher auf das Burgenland. Burgen gibt es hier nicht wirklich. Und es handelt sich auch nicht um ein Land – eher um einen Landstrich, sofern man eine Wegachse als Strich bezeichnen mag. Das Burgenland ist ein Skulpturenprojekt entlang eines zwei Kilometer langen, malerischen Pfads gen Süden. Die Kunstachse ist dabei als epochaler Brückenschlag zwischen der barocken Historie des Wasserschlosses und der Hertener Bergbaugeschichte zu verstehen. So verbindet sie zum einen den alten Schlosspark mit der parkartigen Bergehaldenlandschaft des Landschaftsparks Hoheward, und zum anderen durchmischt sie die Geschichte der Burgen und Zechen zu einem kunstvollen Anachronismus aus Stahl.

Entlang des Wegs finden sich 15 begrünte, circa 1,5 Meter hohe Hügel, auf denen – man ahnt es, da Burgen und Schlösser zwecks Wehrhaftigkeit einst auf eben solch erhabenen Orten errichtet wurden – acht stählerne Miniaturzechen stehen. Richtig, hier wurden Burgen mit Zechen vertauscht. So setzt der Land-Art-Künstler Nils-Udo beide Epochen Hertener Stadtgeschichte gekonnt in Verbindung.

Die verkleinerte Burgen- beziehungsweise Zechenlandschaft wurde aus witterungsfestem Kortenstahl gefertigt. Unter der roten Rostschicht bleiben die Kunstwerke vor Korrosion geschützt und bilden mit dieser einen farblichen Kontrast zum Grün ihrer Hügel und dem der Wald- und Wiesenflächen des Schlossparks.

Der 30 Hektar große Park war zunächst französischen Barockgärten nachempfunden und dann im Stile englischer Gärten umgestaltet worden. Neben dem idyllischen Wasserschloss finden sich hier eine verwitterte Orangerie und das kleine »Tabakhäuschen«.

Eingebettet in seinen weitläufigen Schlosspark ist das Hertener Schloss mit seinen ausladenden Wasserflächen eines der schönsten Wasserschlösser Nordrhein-Westfalens.

Adresse Im Schloßpark 12, Herten-Stadtmitte | **Pkw** A43, Ausfahrt Recklinghausen/ Herten (11), Richtung Herten, Beschilderung Schloss Herten folgen | **ÖPNV** Bus 210, 211, 249, Haltestelle Schloss Herten | **Tipp** Östlich des Schlossparks in der Ewaldstraße findet sich das Privatmuseum »Brauchtum zur Taufe«. Von Taufbecken bis Taufkleidern – hier findet man alles rund um das erste Sakrament.

85 Die Halde Hoheward

Ein astronomischer Exkurs in luftiger Höhe

Wahre Größe beweist die Halde Hoheward. Mit 128 Metern Höhe ist sie die höchste Abraumaufschüttung des Ruhrgebiets. Zusammen mit der Halde Hoppenbruch bildet sie sogar die größte Haldenlandschaft des Reviers – den Landschaftspark Hoheward. Bei all dem Größenwahn lässt sich von ihrem Plateau aus selbstverständlich ein erhabener Rundumblick genießen – bis hinauf in die Welt der Sterne. Denn hier oben kann ein Ausflug ins All unternommen werden. Auf den beiden Hochplateaus der Halde stehen zwei überdimensionierte astronomische Messinstrumente, die sowohl einen praktischen als auch einen ästhetischen Nutzen haben.

Auf dem nördlichen Scheitel der Halde steht das Horizontobservatorium. Mit Hilfe von Peilmarken können hier Sonnenwenden und Äquinoktien beobachtet werden. Die beiden Halbbögen stellen dabei den Ortsmeridian und den Himmelsäquator dar. Auf dem südlichen Gipfelplateau steht ein 8,50 Meter hoher Obelisk aus Edelstahl. Die entsprechende Witterung vorausgesetzt, bildet sein Schatten den Zeiger einer komplexen Sonnenuhr. An ihr lässt sich nicht nur die präzise Ortszeit, sondern auch das exakte Datum ablesen. Dabei diente das römische »Solarium Augustus« der circa 3.000 Quadratmeter großen Bodenfläche als Inspiration.

Kreativ war man auch bei der Ausschmückung der Halde: Die Drachenbrücke und stilvolle, teils frei schwebende Aussichtsplattformen prägen die Hänge der Halde Hoheward.

Als die Aufschüttung der Halde in den 1980er Jahren begann, hagelte es aber zunächst Proteste aus der Bevölkerung. In der damaligen Hohewardstraße hatte sich heimlich eine kleine Siedlung eingerichtet. Aus den einstigen Notunterkünften entstanden Einfamilienhäuser, aus den »Illegalen« eine Siedlungsgemeinschaft. Und diese wurde laut, als sie ihre inoffiziellen Wohnungen aufgeben sollte. Man einigte sich und baute ihr ein neues Wohngebiet nördlich der jetzigen Halde.

Adresse Im Emscherbruch, Herten-Süd, Zugang zum Beispiel über die Karlstraße in Recklinghausen, www.horizontastronomie.de | **Pkw** Zugang Ost: A43, Ausfahrt Recklinghausen-Hochlarmark, Richtung Recklinghausen-Hochlarmark, von der Theodor-Körner-Straße links auf die Westfalenstraße, rechts auf die Robertstraße bis zur Karlstraße | **ÖPNV** Bus 210, 243, Haltestelle Neue Horizonte | **Tipp** Auf der gegenüberliegenden Halde Hoppenbruch befindet sich direkt am Windrad ein Mountainbikeparcours. Allen, die noch nicht genug von Astronomie haben, sei die Volkssternwarte in Recklinghausen empfohlen.

86__Das Spargeldorf

Spargelsilvester in Scherlebeck

Das Ruhrgebiet – qualmende Schlote, grauer Himmel, schlechte Luft. Dieses Bild ist veraltet. Einst wurde aus dem tiefen Erdreich schwarzes Gold gehoben – mittlerweile ist es das weiße, welches hier gestochen wird. Das Spargeldorf Scherlebeck ist ein Paradebeispiel für die neue Lebensqualität und den strukturellen Wandel des Ruhrgebiets.

Zunächst war es die Initiative dreier heimischer Spargelbauern, aus ihrem gemütlichen Stadtteil Scherlebeck ein Spargeldorf entstehen zu lassen. Gastronomen und ansässige Betriebe schlossen sich der Marketingidee an, und so wurde aus der Hertener Ried ein Ausflugsort für Gourmets, der mit zahlreichen Veranstaltungen inklusive der Verköstigung des königlichen Gemüses lockt.

Highlight ist dabei das Vestische Spargelmuseum: Wann kam der Spargel nach Deutschland, welchen Nutzen hat er in der Medizin, und wie wird er am besten zubereitet? All das und noch mehr erfährt man in den Museumsräumen auf dem Gelände des Spargelhofes. Selbst Hand anlegen und das bis zu sieben Zentimeter pro Tag wachsende Gemüse selbst stechen, ist auch möglich – natürlich nur in der Spargelzeit. Die Ernte beginnt Anfang April und endet traditionell an Spargelsilvester, dem 24. Juni. Außerhalb der Spargelsaison werden in Scherlebeck Kürbis, Kartoffel und Co. feilgeboten. Ein der Jahreszeit entsprechendes Programm bietet Unterhaltung. Im Mai findet beispielsweise im Rahmen der Spargel-Gala traditionell die Wahl zur Spargelkönigin und im Herbst ein üppiges Erntedankfest statt.

Trotz des hier bis 1999 fördernden Bergwerks Schlägel & Eisen, heute Zeche Scherlebeck genannt, blieb Scherlebeck dörflich geprägt. Neben all den Gaumenfreuden laden die herrliche Landschaft zu langen Wanderungen und ein Pferdehof zu geführten Ausritten ein. Ein Fahrradverleih und geführte Touren über die westfälische Spargelstraße runden das Angebot ab.

Adresse unter anderem Riedstraße und Backumer Straße, Herten-Scherlebeck, www.spargeldorf-scherlebeck.de, www.spargelmuseum-nrw.de | **Pkw** A43, Ausfahrt Recklinghausen/Herten (11), über den Zubringer (L511) rechts Richtung Scherlebeck | **ÖPNV** Bus 246, Haltestelle Schäßburger Straße, dann circa 20 Minuten Fußweg | **Öffnungszeiten** Vestisches Spargelmuseum NRW 1. April–Ende Juli täglich 10–19 Uhr | **Tipp** Im alten Maschinenhaus der Zeche Scherlebeck lassen sich über den »Förderverein Maschinenhaus Schacht V« zwei Dampfzwillings-Fördermaschinen besichtigen.

87 Die Emscherquelle

Der Beginn einer Köttelbecke

Nur einige Hundert Meter südwestlich des Quellhofs im Hixterwald sickert aus verschiedenen Stellen Wasser aus dem Boden und sammelt sich schließlich in einem kleinen Quellteich. Als dünnes Rinnsal fließt die junge Emscher von hier an über das Gehöft durch die Wiesen gen Holzwickede. Betrachtet man hier die idyllische Emscherquelle, ahnt man nicht, dass dieses kleine Flüsschen eine dreckige Vergangenheit hat. Von den drei Ruhrgebietsflüssen Ruhr, Emscher und Lippe diente sie als Abwasserkanal.

So malerisch die Emscher hier an ihrem Quellhof entspringt, so idyllisch war sie auch noch vor 150 Jahren entlang ihres gesamten Flusslaufs. Sie gehörte einst zu den fischreichsten Flüssen Deutschlands. Die sumpfigen Ufer ihres Mittellaufs beherbergten bis vor circa 180 Jahren sogar noch echte »Emscherbrücher« Wildpferde. Doch durch den Missbrauch der vorrückenden Kohleindustrie avancierte die kanalisierte und verrohrte Köttelbecke Emscher zum hässlichsten und dreckigsten Fluss Deutschlands – zur »Kloake des Ruhrgebiets«. So nahm sie bereits nach wenigen Metern ihre Arbeit auf und schluckte den Abwasserdreck von Holzwickede.

Das Fachwerkhaus des Quellhofs wurde 1801 errichtet und steht mittlerweile unter Denkmalschutz. Seit 2004 im Besitz der Emschergenossenschaft, wird der rustikale Hof nun für Schulungen, Weiterbildungen und Seminare genutzt. Eine Dauerausstellung informiert über die Geschichte des für die Region so bedeutenden Flusses. Eine Aussichtsplattform reicht direkt an den hintern Haus gelegenen Quellteich heran.

Nach großflächigen Renaturierungsmaßnahmen, unter anderem im Rahmen der »Internationalen Bauausstellung Emscherpark« ab 1989, ist auch die Emscher wieder zu einem idyllischen Rückzugsgebiet geworden. Ihre Quelle auf dem Gehöft am Rande des Haarstrangs ließ dabei nie einen Zweifel an der ursprünglichen Schönheit dieses Flusses aufkommen.

Adresse Quellenstraße 2, Holzwickede, www.eglv.de | **Pkw** A40, B1, Ausfahrt Holzwickede (51) Richtung Dortmund-Wickede, rechts in die Hauptstraße, rechts in die Sölder Straße, Beschilderung Quellhof folgen. | **ÖPNV** vom Bahnhof Holzwickede circa 20 Minuten Fußweg | **Öffnungszeiten** Aussichtsplattform täglich von 9–19 Uhr, Dauerausstellung jeden 2. und 4. Sonntag im Monat von 11–16 Uhr oder für Gruppen per Anmeldung: emscherquellhof@emscher.de | **Tipp** Der Luftschacht Margarethe der Zeche »Vereinigte Margarethe« ist nur wenige Hundert Meter vom Quellhof entfernt.

88 Das Haus Opherdicke

Das Schloss am Handelsweg

»Via regia« – die Königsstraße. Einst zogen römische Legionen an der Route zu ihrem Kastell bei Paderborn gen Osten, später dann die Pilger auf ihrem Weg nach Santiago de Compostela nach Westen. Quer durch das Bergische Land verband der Handelsweg Köln mit Paderborn. Hoch oben auf dem Ardeygebirge passiert die, auch »kleiner Hellweg« genannte, Verkehrsroute das Haus Opherdicke. Damit nahm die Feste eine repräsentative Stellung an der Strecke ein.

Zunächst 1180 als Burg errichtet, erhielt der Rittersitz schließlich zwischen 1683 und 1687 seine noch heute zu bewundernde Gestalt als Wasserschloss. Der um den Adelssitz verlaufende Wassergraben (Gräfte) trennt das imposante Haupthaus von seinen vorgelagerten, im Burghof befindlichen Wirtschaftshäusern. Diese sind durch ihre eher rustikale Architektur aus Bruchstein ein schöner Kontrast zum imposanten Schloss und begrenzen den Burghof zur Straße hin. Eine doppelbogige Brücke verbindet den Innenhof mit dem Wasserschloss. Ein circa 30.000 Quadratmeter großer englischer Garten schließt im Süden an das Gelände an. Von dem ebenfalls nach Süden hin ausgerichteten Wintergarten des Schlosses genießt man einen fürstlichen Blick über die Parkanlage und das nördliche Ruhrtal.

Das Flair des seit 1980 im Besitz des Kreises Unna befindlichen Hauses Opherdicke überzeugt nicht nur Kulturbegeisterte und Historiker. Das renovierte Schloss wird für Veranstaltungen jeglicher Art vermietet. Der fotogene Ort zieht vor allem immer wieder Hochzeitsgesellschaften an. Unvergesslich wird der Tag hier auch ohne Ehegelöbnis. Im atmosphärischen Spiegelsaal werden Konzerte von klassischer Kammer- bis Unterhaltungsmusik geboten. Der holzverkleidete Rittersaal bietet Seminaren einen effektvollen Hintergrund. Übrigens: Ausgesprochen wird Opherdicke nicht mit frikativem, sondern mit phonetisch getrenntem ph: Op-herdicke.

Adresse Dorfstraße 29, Holzwickede-Opherdicke | **Pkw** A40, B1, Ausfahrt Holzwickede (51), Richtung Wickede, rechts auf die Hauptstraße, den Kreisverkehr an der 3. Ausfahrt verlassen (Unnaer Straße), geradeaus weiter in die Dorfstraße | **ÖPNV** Bus 51, Haltestelle Haus Opherdicke | **Öffnungszeiten** je nach Veranstaltung | **Tipp** Die Hauptstraße Richtung Dortmund führt nach ein paar Autominuten zum Dortmunder Flughafen. Flughafenführungen und Rundflüge lassen den Besucher in Fernweh schwelgen.

89 Die Fünf-Bogen-Brücke

Die Bundesbahn fährt über altes Gemäuer

Täglich donnern am östlichen Rand der Kamener Innenstadt Züge über betagtes Gemäuer. Die Steinbrücke ist eine der ältesten noch diensthabenden Eisenbahnbrücken Deutschlands und stammt aus der Pionierzeit des Eisenbahnbrückenbaus. Stahlbrücken galten damals als nicht tragfähig genug. Stein und Holz waren das vorherrschende Brückenbaumaterial. Zumindest auf dem Festland. In England waren die Ingenieure schon in den 1830er Jahren zum Bau stählerner Eisenbahnbrücken übergegangen. Doch hier wurde das sumpfige Seseketal 1846 mit altbewahrten Baustoffen überbrückt.

Für das stabile Fundament in dem morastigen Flussbett wurden dicke Eichenpfähle in den Grund getrieben. Darauf folgte der noch bis heute erhaltene klassizistische Steinbau. Die ausdrucksstarke Sesekebrücke, so ihr offizieller Name, wurde unter der Bauherrschaft der Köln-Mindener Eisenbahn-Gesellschaft als eine von 14 Brücken für die 90 Kilometer lange Strecke von Hamm nach Duisburg errichtet. Damals standen noch drei ihrer fünf Bögen im Bett des Flusses. Nachdem die Seseke durch Kanalisierung zu einem begradigten Bächlein degradiert wurde, ruhen alle Pfeiler im Trockenen.

Der linke Nebenfluss der Lippe diente einst als offener Schmutzwasserablauf. Als der Bergbau aus der Region verschwand, wurde 1984 durch das Land Nordrhein-Westfalen das Sesekeprogramm initiiert. Ziel war es, den Fluss langfristig in einen naturnahen Zustand zurückzuführen, ihm sein altes Bett wiederzugeben und die Entwicklung gewässertypischer Arten zu fördern. Die Landschaft sollte durch Neupflanzungen aufgewertet und durch Radwege erschlossen werden.

Zwar plätschert die Seseke am Fuße der Fünf-Bogen-Brücke immer noch durch ihr kanalisiertes Bett, aus dem offenen Abwasserkanal ist aber mittlerweile ein genesenes Gewässer entstanden. Nur die über die historische Brücke fahrenden Züge stören vorübergehend die ländliche Idylle.

Adresse Berliner Straße, Kamen | **Pkw** A2, Ausfahrt Kamen/Bergkamen (15), Richtung Kamen B61, links auf den Westring, Nordring, Ostring, rechts in die Hammer Straße, im Kreisverkehr 3. Ausfahrt rechts, dann in die Berliner Straße | **ÖPNV** Bus 184, Haltestelle Am Stadtpark | **Tipp** Der Seseke gen Westen folgend, stößt man nach ein paar Kilometern auf das ehemalige Gelände der Zeche Monopol. Hier entstand die ökologische »Gartenstadt Seseke-Aue«.

90___ Die Discgolf-Anlage

Gekonnt »einlochen« im Lüner Seepark

Spricht man im Sport von Handycap und Par, denkt man an weitläufiges Grün, Neuner-Eisen und Abschlagspunkte. Diese Begriffe hört man aber auch abseits von Golfschlägern, Fairways und Caddies inmitten des Lüner Seeparks. Hier wurde 2007 eine Discgolf-Anlage installiert. Einen Schläger braucht man hier nicht. Lediglich eine Wurfscheibe, die durch gekonnte Würfe ihrem Ziel immer näher gebracht wird. Das Ziel selbst ist kein fähnchenbesetztes Loch im Wiesengrund wie beim Golf, sondern ein fest installiertes, korbähnliches Konstrukt, dessen herabhängende Stahlkettenfangarme die Scheiben aufnehmen.

Die insgesamt 21 Bahnen, unterteilt in die Parcours »Seepark« (12 »Löcher«) und »Alte Ziegelei« (9 »Löcher«), können von jedermann bespielt werden. Die direkte Einbettung in den städtischen Seepark machen sie frei zugänglich und kostenlos nutzbar. Ein Frisbee sollte man jedoch mitbringen. Sonntags trifft man hier die Discgolf-Profis beim Training. Sie versorgen Anfänger sowohl mit Tipps zu richtigen Wurftechniken als auch mit Profischeiben. Wie beim Golf haben auch Discgolf-Cracks für jede Situation das entsprechende Equipment – zum »Putten« die schwere Scheibe (Driver), für lange Distanzen eine leichtere mit entsprechenden Flugeigenschaften.

Das Gelände der Landesgartenschau von 1996 bietet neben Discgolf auch sehenswerte industrielle Geschichte. Das »Horstmarer Loch«, eine bergbaubedingte Rutschung, und die themenverwandte Preußenhalde zeugen von der einstigen industriellen Nutzung des heute ökologisch erschlossenen Naherholungsgebietes. Weitere Zeugen vergangener Zeiten finden sich versteckt zwischen Birken. Dort stehen Lenin und Stalin zusammen mit anderen russischen Genossen in Bronze gegossen. Die Büsten wurden nach dem Zusammenbruch der Sowjetunion nach Lünen verschickt und sollten ursprünglich im hiesigen Kupferwerk eingeschmolzen werden.

Adresse Scharnhorststraße, Lünen-Horstmar, www.luenen.discgolf-nrw.de | **Pkw** A2, Ausfahrt Dortmund-Lanstrop (14), Richtung Lünen, rechts auf die Preußenstraße, links auf die Scharnhorststraße | **ÖPNV** Bus R11, 114, Haltestelle Seepark, DB bis Bahnhof Preußen | **Tipp** Betritt man über die Fußgängerbrücke den nördlich des Datteln-Hamm-Kanals gelegenen Teil des Seeparks, führen die Wege zum schönen Schloss Schwansbell.

91__Die Persiluhr

Eine Straßenlaterne als moderne Werbefläche

Erna Muchow. Zunächst ein nichtssagender Name. Und doch ist Erna Muchow eine der bekanntesten deutschen Frauen. Denn wer kennt nicht die nostalgische Persilwerbung mit der lächelnden Hausfrau im blütenweißen Kleid und mit Florentinerhut? Seit den 1920er Jahren posierte die Berlinerin auf Werbeflächen und Blechschildern und diente bis in die 1950er Jahre als Werbefigur für Persil. Dabei war die damals 17-Jährige gar kein echtes Model, sondern lediglich die Angebetete des beauftragten Künstlers Kurt Heiligenstaedt. So lächelte die junge Dame jahrzehntelang von Häuserwänden, Plakaten und eben den bekannten Persiluhren.

Als die Stadt Lünen 1928 ihre Laternen vom Gas- auf Strombetrieb umrüstete, nutzte man die Gelegenheit, auch das Lüner Straßenbild durch »Normaluhren-Reklamesäulen« aufzuwerten. Die eckigen Laternen hatten dabei gleich drei Funktionen: Der untere Teil diente als vierseitige Werbefläche, mittig fand man auf jeder Seite eine analoge Uhr, und nach oben erstreckte sich das geschwungene Laternengestänge. An der Münsterstraße/Ecke Cappenburger Straße erhellte die Persiluhr bis in die 1940er Jahre das abendliche Lünen. Der romantische Laternenschein war beliebter Anziehungspunkt für Verliebte. Straßenzüge, Cafés, Hotels, Einkaufspassagen und Gasthäuser benannten sich nach ihr. Im Krieg wurde die grüne Laterne zerstört – lediglich der Name »An der Persiluhr« blieb erhalten.

Pünktlich zum Ausbau der Münsterstraße zum verkehrsberuhigten Bereich und nördlichem Ende der Fußgängerzone spendete Henkel 1983 der Stadt Lünen wieder eine Persiluhr – zwar ohne den einstigen Laternenaufbau, stattdessen als Neuerung illuminierte Werbeflächen – aber immer noch im Flair der 1920er Jahre. Lünen war somit die erste deutsche Stadt, die ihre weiße Dame wieder zurückerhielt. Andere Städte wurden erst 1997 zum 90-jährigen Firmenjubiläum mit Persiluhren beschenkt.

Adresse Münsterstraße 25, Lünen-Stadtmitte | **Pkw** A2 bis Ausfahrt Dortmund-Nordost, über B236 Richtung Lünen, Beschilderung Zentrum folgen | **ÖPNV** von Lünen Hbf fußläufig in 500 Metern zu erreichen | **Tipp** Wendet man der weißen Dame den Rücken gen Münsterstraße zu, erblickt man das bronzene Ochsengespann. Die Skulptur erinnert an die alte Bedeutung der Hansestadt Lünen.

92 __ Die Hügelhäuser
Avantgardistische Sozialbauexperimente

Das erste Wohnhügelhaus Europas steht in Marl. Circa 800 Meter südöstlich des neuen Marler Rathauses entstand bereits 1965 eine schiefe Wohneinheit, die damals auf großes mediales Interesse stieß. Teilweise als Affront an Marl von der Presse verrissen, waren sich die Architektenwelt und die Stadt über den spektakulären Wohnkomplex weitestgehend einig. Bis 1982 folgten daher noch die Wohnhügel zwei, drei und vier. Dabei vereinen die das Stadtbild prägenden Hügelhäuser komfortables Wohnen mit außergewöhnlichen architektonischen Reizen.

Das gleichförmige Äußere damaliger Sozialbauten sollte mit diesem avantgardistischen Exempel moderner Bauweise beendet werden. Marl sollte als Richtungsweiser für kommende Bauströmungen dienen. Keine steile Wohnfront und dennoch Platz für geräumige, helle Wohnungen. Die atypische Wohnarchitektur eint die Vorzüge von Einfamilienhäusern mit dem städtischen Bedürfnis nach höherer Wohndichte. Trotz raumhoher Fenster ist man vor neugierigen Blicken durch die zurückfallende Häuserfront geschützt. Jede Wohneinheit bietet eine geräumige Terrasse – die Erdgeschosswohnungen sogar einen Garten.

Was als Experiment mit dem ersten Hügelhaus begann, hat sich mittlerweile zu einem lebenswerten Wohnviertel etabliert. Stand Wohnberg Nummer eins noch allein auf weiter Flur, bildet das Quartett nun ein homogenes Wohnensemble mit jeder Menge Grünfläche, Spielplätzen und öffentlichem Raum. Die baulichen Mängel des ersten Hauses, wie zum Beispiel fehlende Aufzüge, wurden bei den Folgebauten behoben. Da die Einstellplätze in einem unterirdischen Parkdeck untergebracht sind, ist der Außenbereich ein komplett autofreier Ort der Entspannung. Die Hügelhäuser geben durch ihre spitz zulaufenden Fassaden ihrem eigenen Schattenwurf keine Chance und lassen zwischen den Bauten sonnige und großzügige Gartenlandschaften entstehen.

Adresse Kreuzstraße 321, Marl-Drewer | **Pkw** A52, Ausfahrt Marl-Frentrop, der B225 circa 4 Kilometer folgen, dann links auf die Kreuzstraße | **ÖPNV** Bus 222, Haltestelle Am Theater, Bus 221, Haltestelle Kösliner Straße, dann jeweils circa 10 Minuten Fußweg | **Tipp** Das Skulpturenmuseum »Glaskasten« in Marl ist eine der spektakulärsten Skulpturenausstellungen und sollte schon allein wegen seiner Architektur besichtigt werden.

93___ Die Grubenlampe

… und ihre Halde Rheinpreußen

Einst fuhren die Bergmänner mit Kanarienvögeln ins Bergwerk ein. Die gefiederten Tiere dienten als Gaswarner. Wenn sich die »Wetter« unter Tage mit gefährlichen Gasen anreicherten, waren es die Vögel, die durch ihren Heldentod die Bergmänner alarmierten. Doch bei entflammbaren Gasen und plötzlichen Schlagwetterexplosionen halfen sie nicht. Erst Humphry Davy brachte einen entsprechenden Sicherheitsstandard 1830 in den Bergbau. Durch seine entwickelte Davy-Grubenlampe mit Flammsieb konnte das Methan-Luft-Gemisch nicht mehr so leicht explodieren.

Otto Piene erinnerte sich an dieses »Geleucht« der Bergmänner und installierte es als überdimensionale Landmarke auf die Halde Rheinpreußen. Das 28 Meter hohe Objekt, welches der historisch wichtigsten und sichersten Grubenlampe nachempfunden wurde, strahlt nun seit 2007 ab Einbruch der Dunkelheit den Moerser Norden an. Der Hang der 70 Meter hohen Halde wird abends zusätzlich von Lichtmasten in ein glutrotes Meer verwandelt und stilisiert das flüssige Eisen der Verhüttungswerke. Entstanden ist so das größte »Montankunstwerk« der Welt. Es huldigt auf eindrucksvolle Weise der ersten linksrheinischen Zeche Rheinpreußen, der gefährlichen Arbeit der Berg- und Hüttenarbeiter und zudem der flächendeckenden Montanindustrie, welche die Infrastruktur im Ruhrgebiet in den letzten Jahrhunderten stark geprägt hat. Als erhabenes Monument erzählt die symbolträchtige Grubenlampe ein Stück Industriegeschichte − und die renaturierte Bergehalde Rheinpreußen ist dabei selbst Teil dieser Geschichte.

Das Moerser Geleucht bietet aber mehr als nur eine tolle Ansicht. Von ihrer Besucherplattform hat man einen Rundumblick über das westliche Ruhrgebiet und seinen Vorgarten, den Niederrhein. Nun dient der Lichtturm nicht nur als rotes Sinnbild vergangener Tage, sondern auch als Treffpunkt zukünftigen kulturellen Lebens.

Adresse Gutenbergstraße, Moers-Meerbeck, www.das-geleucht.de | **Pkw** A42, Ausfahrt Duisburg-Baerl, Ausfahrt Duisburg-Homberg/Moers-Meerbeck, links auf die Grafschafter Straße, rechts auf die Voßbuschstraße, links auf die Gutenbergstraße | **ÖPNV** Bus 4 oder 913, Haltestelle Bismarckstraße, dann circa 15 Minuten Fußweg | **Öffnungszeiten** Aussichtsplattform: April–Okt. Do, Sa, So 14–18 Uhr, Nov.–März Sa, So 13–16 Uhr; Illumination des Geleuchts bei Einbruch der Dunkelheit | **Tipp** Folgt man Otto Pienes Spur durchs Ruhrgebiet, gelangt man an den Halfmannshof (siehe Seite 144), wo er mit seiner Gruppe ZERO gastierte.

94___ Die alte Dreherei

Der hölzerne Dachstuhl im Ausbesserungswerk

Obwohl in einer Dreherei eigentlich Metalle und Kunststoffe auf Drehbänken verarbeitet werden, ist in der Mülheimer Dreherei das vorherrschende Material Holz. Das 1874 errichtete Industriegebäude wird von einer faszinierenden Holzdachkonstruktion überspannt, deren Gebälk und Tragwerk noch vollständig aus der Erbauungszeit stammt. Das aufwendige Hängewerk der 90 Meter langen Halle ist in seiner auf gusseisernen Sockeln gesetzten Art einzigartig in Deutschland.

Erbaut wurde die alte Dreherei von der Rheinischen Eisenbahn im Rahmen des hier errichteten Eisenbahnausbesserungswerks Speldorf. Die Arbeitsstätte sollte das an seine Grenzen stoßende Werk in Köln-Nippes entlasten und war auf die Ausbesserung von Dampflokomotiven spezialisiert. Die Halle der Dreherei ist nun das älteste erhaltene Gebäude der Eisenbahnanlage. Von außen lässt sich das hölzerne Innenleben zunächst nicht erahnen. Hier dominieren rote Backsteine und romanische Rundbogenfenster und verleihen dem dreischiffigen Bau seinen typischen Industriekulissencharme. Angrenzende Restfragmente weiterer Hallen wurden bewusst erhalten.

Bis 1959 wurde das Speldorfer Werk von der Deutschen Bahn als Werkstatt für Dampflokomotiven genutzt. 1991 folgte der Eintrag in die Denkmalliste. Trotz diverser Folgenutzungen verfiel das Gelände samt Dreherei und war der Stadt ein Dorn im Auge. Der Antrag auf Streichung des Denkmalschutzes zwecks Neubebauung des Geländes war bereits eingereicht.

Doch schließlich versteigerte man die Dreherei im Internet. Der neu gegründete Trägerverein kaufte das Gelände. Seit 2009 wird hier nun in Eigeninitiative saniert. Die Umnutzung sieht ein »Haus der Vereine« inklusive Veranstaltungs- und Ausstellungshalle vor. Trotz anhaltender Sanierungsarbeiten erfreut sich die Halle mittlerweile unter anderem durch Oldtimerausstellungen und historische Kirmes wachsender Beliebtheit.

Adresse Am Schloss Broich 50, Mülheim-Speldorf, www.alte-dreherei.de | **Pkw** A40, Ausfahrt Mülheim-Styrum (16), Richtung Styrum auf B223, 5 Kilometer der Straße folgen, bei Am Schloss Broich rechts | **ÖPNV** Bahn 901, Haltestelle Königstraße, oder Bus 122, 124, 131, 135, Haltestelle Rosendahl | **Öffnungszeiten** Aktuelle Termine und Veranstaltungen bitte der Homepage entnehmen. | **Tipp** Schloss Broich, die heutige Stadthalle, bietet viele kulturelle Angebote: Theater, klassische Konzerte, Galadiner.

95___Der Leinpfad

Die rückwärts fließende Ruhr und der alte Pferdeweg

Schon unser »alter Fritz«, der Preußenkönig Friedrich II., erkannte im 18. Jahrhundert die Bedeutung der Ruhr als Transportweg der Kohle. Von 1774 bis 1780 veranlasste er daher den Ruhrausbau: Flussbegradigungen, Schleusen, künstliche Buhnen, Leinpfade.

Leinpfade waren jene befestigten Wege, die unmittelbar an der Wasserlinie dem Flusslauf folgten. Von dort zogen Pferdegespanne schwere, speziell zum Kohletransport gebaute Plattbodenschiffe, die Ruhraaken, der Strömung entgegen. Trotz Segel schafften sie die Bergfahrt (Fahrt stromaufwärts) nicht ohne zusätzliche Pferdestärken. Mit bis zu 400 Meter langen Tauen, den Leinen, zogen Pferde die Kähne zu ihren Bestimmungsorten.

Zwischen der Mülheimer Dohneinsel und dem Kettwiger Stausee findet sich noch heute ein knapp acht Kilometer langes Teilstück des damaligen Leinpfads. Beginnend am Mülheimer Wasserbahnhof und dem Rückpumpwerk Kahlenberg, lässt sich der Pfad zu Fuß oder mit dem Fahrrad erkunden. Einmal im Jahr kann man hier die Ruhr rückwärts fließen sehen. Dann nämlich, wenn das Mülheimer Rückpumpwerk seine Betriebskontrolle durchführt und die Pumpen anschmeißt. 1925 wurde es erbaut, um Niedrigwasser zu vermeiden, zuletzt kam es jedoch in den 1950er Jahren für diese Zwecke zum Einsatz. An der Dohneinsel befindet sich auch die Mülheimer Ruhrschleuse. Sie ist das letzte der 17 Abstiegsbauwerke der Ruhr vor ihrer Mündung in den Rhein.

Wo sich einst Pferde abrackern mussten, findet sich heute ein weitläufiges Naturschutzgebiet. Das gegenüberliegende Ufer mit seinen Altarmen der Ruhr ist Teil des Biotopkomplexes »Saarn-Mendener Ruhraue« und ist als »schützenswertes Flora-Fauna-Habitat« der EU eingestuft. Ruhraaken sieht man hier nicht mehr. Heute wird das kontemplative Teilstück der Ruhr zwischen Kettwig und Mülheim nur noch von der »Weißen Flotte« und zum Wasserwandern genutzt.

Adresse Leinpfad, Mülheim-Stadtmitte | **Pkw** A40, Ausfahrt Mülheim-Heißen (19), Richtung Heißen/Zentrum auf B1, der Straße folgen, vor Ruhrbrücke rechts auf die Mendener Straße | **ÖPNV** Bahn 110, Haltestelle Wasserstraße, Bus 151, Haltestelle Floraweg | **Tipp** Direkt neben dem Mülheimer Rückpumpwerk und dem Wasserbahnhof findet sich ein Geheimtipp. Das Haus »Ruhrnatur« sensibilisiert mit physikalischen und biologischen Experimenten die ökologische Wahrnehmung.

96 Das Solbad Raffelberg

»Dem Kranken zur Heilung, dem Gesunden
zum Vergnügen«

Bei einer Abteufung im Jahr 1855 für die Zeche Alstaden stieß man auf Relikte eines urzeitlichen Meers. Die salzhaltigen, warmen Wasserläufe wurden schnell als wohltuendes Bad vor und nach der anstrengenden Schicht zweckentfremdet. So entstand schon früh ein provisorisches Solbad auf dem Zechengelände.

1909 eröffnete das Solbad Raffelberg im Mülheimer Westen seine Pforten. Das heilende Salzwasser erhielt es direkt aus der Zeche Alstaden per Pipeline und versorgte damit sein Kur- und Badehaus und das Kindersolbad. Tuberkulöse Haut- und Lympherkrankungen, an denen in der industriellen Zeit vor allem viele Kinder litten, wurden hier erfolgreich behandelt.

Nachdem die Zeche Alstaden 1973 geschlossen wurde und somit die natürliche Solquelle versiegte, versuchte man sein Heilungsglück zunächst mit künstlich hergestellter Sole. Als dies keinen Anklang bei den Badegästen fand, fuhren ab 1979 täglich Tankwagen vor, um frische Sole aus der Oberhausener Zeche Concordia zu liefern. 1992 kam zwar dann das endgültige Aus für das Solbad Raffelberg, 1981 hatte sich aber bereits das »Theater an der Ruhr« im Kursaal eingerichtet, eine Folgenutzung der alten Gemäuer war somit gewährleistet.

Der einst von Walter Baron von Engelhardt geschaffene barocke Raffelbergpark, der »dem Kranken zur Heilung, dem Gesunden zum Vergnügen« dienen sollte, wird nun im Sommer vom Theater für Aufführungen genutzt. Die nun als Naherholungsort erschlossene Parkanlage mit altem Baumbestand und See bietet mit ihrem terrassenförmigen Bau einen Ausblick auf die nördlichen Ruhrauen. Die historischen Gebäude des Raffelberger Bades fügen sich dabei harmonisch in das Gelände ein. Der Jugendstil des Solbades ist bis heute erhalten geblieben. Die bemerkenswerte Kuppelhalle wird zwar von einem Architekturbüro besetzt, steht aber dennoch der Öffentlichkeit zur Besichtigung zur Verfügung.

Adresse Akazienallee 61 (das Haus selbst liegt in der Parkstraße), Mülheim-Speldorf, www.theater-an-der-ruhr.de | **Pkw** A40, Ausfahrt Duisburg-Kaiserberg (14), Richtung Kaiserberg, von der Carl-Benz-Straße rechts auf die Ruhrorter Straße, rechts auf die Akazienallee, rechts auf die Parkstraße | **ÖPNV** Bus 122, Haltestelle Theater Ruhr/Solbad | **Öffnungszeiten** Die Kuppelhalle ist während der Öffnungszeiten des Architekturbüros, Mo–Fr 8–16 Uhr, zu besichtigen, das Theater während des Spielbetriebes. Der Park ist frei zugänglich. | **Tipp** Wenn man schon so dicht an Duisburg und seinen Kaiserberg heran-kommt, sollte man auch den Duisburger Zoo besuchen.

97 Die Straße der Millionäre

Die Villa Josef Thyssen und repräsentative Herrenhäuser

Mülheim wurde früher stolz »Stadt der Millionäre« genannt. Angesiedelt waren hier namhafte Firmenpatriarchen – vom hier geborenen Metro-Gründer Otto Beisheim bis zur Familie Schmitz-Scholl, deren Unternehmen Tengelmann noch heute hier seinen Hauptsitz hat. Auch delegiert das Unternehmen ALDI SÜD von Mülheim aus.

Die repräsentativen Stadtvillen, die das Bild der »Straße der Millionäre« prägen, stammen aus der Zeit der Industrialisierung. Großindustrielle und reiche Banker siedelten sich hier um 1900 an. Zur Millionärsstraße zählt das noble Stadtviertel südwestlich der Mülheimer Altstadt rund um die Friedrichstraße. Die Herrenhäuser im Jugendstil bestimmen das Bild der distinguierten Wohngegend bis hinunter zum Ruhrufer.

Besonders imposant sind die Villen an der Dohne direkt oberhalb des Flusses. Die bekannteste davon ist das Eigenheim von Josef Thyssen. Josef, der jüngere Bruder des »Ruhrbarons« August Thyssen, lebte trotz seines Reichtums jahrelang in bescheidenen Verhältnissen. Die unternehmerische Notwendigkeit eines repräsentativen Familiensitzes zwang ihn schließlich zum Bau des heute noch imposanten Anwesens. Das Haus wurde 1898 bis 1900 im neobarocken Stil auf dem Gelände der ehemaligen Textilfabrik J. Caspar Troost errichtet. Als Pionier der Textilfabrikation entwickelte Troost hier eine revolutionäre, durch Wasserkraft angetriebene Spinnereimechanik. Das dafür benötigte große Wasserreservoir steht noch heute als »Thyssen-Teich« im öffentlich zugänglichen, baumreichen »Thyssen-Garten«. Die kleine Parkanlage am östlichen Ruhrufer ist eine der schönsten Grünanlagen der Stadt. Geblieben vom Andenken des Textilfabrikanten Troost ist lediglich die Friedrichstraße und Dohne verbindende Trooststraße.

Flaniert man durch die beeindruckende »Straße der Millionäre« ahnt man, welchen Reichtum die Industriellen einst in die »Perle des Ruhrgebiets« brachten.

Adresse Friedrichstraße und Dohne, Mülheim-Stadtmitte | **Pkw** A40, Ausfahrt Mülheim-Heißen (19), Richtung Zentrum über B1, rechts auf den Werdener Weg, Beschilderung Zentrum folgen, links auf die Oberstraße | **ÖPNV** Bahn 110, Haltestelle Wilhelmstraße | **Tipp** Das Haus Urge von Hugo Stinnes liegt etwas weiter südlich an den Ruhrauen.

98 Der Elpenbach

Die wässrige »Wiege der Ruhrindustrie«

Vielleicht hätte das Ruhrgebiet eher nach diesem kleinen Gewässer benannt werden müssen, schließlich war der Elpenbach Wiege und Kinderstube der sich florierend entwickelnden Hüttenindustrie der Region.

Angefangen hatte es am Elpenbachufer nämlich bereits im Jahr 1758. Die St.-Antony-Hütte war der erste eisenverhüttende Betrieb des Ruhrgebiets. Angeschlossen waren eine Formerei und Gießerei, die aus dem in der unmittelbaren Umgebung geschürften Raseneisenstein schon damals Gusswaren für den Haushaltsbedarf (Töpfe, Pfannen, Rohre, Munition) herstellten. Gegründet wurde der Betrieb von Franz Ferdinand von Wenge, der hier den Bodenschatz entdeckte und die Schürfung beantragte. Doch der gewählte Standort am oberen Bachlauf war dem Sterkrader Kloster ein Dorn im Auge. Der Elpenbach war fürs klösterliche Leben mit Fischzucht und Bäckerei elementar, eine Verunreinigung durch die Eisenhütte wollte man nicht dulden. Zudem fürchtete man Überschwemmungen im Falle eines Dammbruchs des von der St.-Antony-Hütte vorgesehenen Stauteichs.

Vielleicht liegt in dieser klösterlichen Auseinandersetzung ihre volksmundliche Titulierung als »Gottesgnadenhütte« begründet. Schließlich ging die Eisenhütte als Sieger aus diesem historischen Bachstreit hervor. Doch nach dem weltlichen Sieg gliederte sich die Fabrik 1808 der ebenso geschichtsträchtigen Oberhausener Gutehoffnungshütte unter, bis 1877 mit der Gießerei der letzte Betrieb auf dem Gelände am Elpenbach geschlossen wurde.

Lediglich ein Kontor- und Wohnhaus der einstigen »Wiege des Ruhrgebiets« und der idyllische Elpenbach mit seinem Hüttenteich trotzen bis heute den Jahrhunderten. Gemeinsam ist das Trio im heutigen Antoniepark mit angeschlossenem LVR-Industriemuseum samt Ausgrabungsstätte zu bewundern. Von hier lässt sich auch der 16 Hektar große Grünzug entlang des Elpenbachs erschließen.

Adresse Antoniepark zwischen Elpenbachstraße und Antoniestraße, Oberhausen-Kloster-hardt | **Pkw** A516 bzw. B223, Ausfahrt Oberhausen-Sterkrade (2), Richtung Dreilinden, über Teutoburger Straße, links in die Bockmühlenstraße, rechts in die Antoniestraße | **ÖPNV** Bus 263, Haltestelle Antoniestraße, Schnellbus 92, Haltestelle Klosterhardter Straße, oder Bus 958, Haltestelle Antony Hütte | **Öffnungszeiten** LVR-Museum Di–Fr 10–17 Uhr, Sa, So 11–18 Uhr, Mo geschlossen | **Tipp** Dort, wo die Hochöfen der Gute-hoffnungshütte brannten, steht heute das CentrO. Das einem Schloss nachempfundene Werksgasthaus der alten Hütte an der Essener Straße 3 ist noch erhalten. Ein Besuch lohnt sich.

99 Die Miniaturwelt

Mehr als nur Modellbahn – gelebte Geschichte

Ruhrgebiet, anno 1965. Das Zechensterben ist bereits in vollem Gange. Ein letztes Aufbäumen, eine letzte Phase montanindustrieller Glanztage. Noch bläst die Stahlindustrie ihren grauen Atem gen Himmel. Noch lebt der Bergbau. Seine lebenspendenden Adern: das Schienennetz.

In der Oberhausener Modellbahnwelt lässt sich die spannende Phase der Jahre 1965 bis 1970 in Miniatur noch mal erleben. Die letzte Blütezeit der Stahlverhüttung im Ruhrgebiet wurde detailgetreu nachgestellt – die Ost-West-Achse Dortmund–Duisburg auf 130 beeindruckenden Meter komprimiert. Das Gesamtschienennetz besitzt eine Länge von 4,2 Kilometern.

Hier ist noch selbst fahren angesagt. Vorbei an der Zeche Zollverein, der Villa Hügel, dem Duisburger Hafen – an rauchenden Hochöfen oder am Oberhausener Gasometer. Alle wichtigen Wirkungsstätten stehen hier in Miniatur. Den Mittelpunkt bildet natürlich die Modelleisenbahn.

Insgesamt versetzen 80 Züge mit bis zu 30 Waggons nicht nur Modellbahnfans in Verzückung. Bagger, Kräne und Drehscheiben werden per Knopfdruck aktiv. Dolby-digitale Klangwelten, Tausende von Lichtdioden, Hunderte fahrender Autos und circa 25.000 Figuren hinterlassen einen überzeugend realistischen Eindruck. Die Hälfte der 650 originalgetreu replizierten Gebäude sind dabei Marke Eigenbau. Verstärkt wird der reale Eindruck durch die Tag-Nacht-Simulation. Alle 20 Minuten gehen hier die Lichter aus und die Laternen an.

Geschichtsunterricht mal anders. Selbst Berufsschulgruppen nutzen die anschauliche Miniwelt zum Studieren der lebensnahen Abläufe der damaligen Zeit. Für Kinder steht eine Spielstätte zur Verfügung – natürlich mit Holzeisenbahnstecksystem und elektrischer Autorennbahn. Im Nordsternpark in Gelsenkirchen, etwa zwölf Autominuten entfernt, ist noch eine Filiale zu besuchen. Dort geht der »Deutschland-Express« auf große Reise – von den Alpen bis an die Nordsee.

Adresse Zum Aquarium 2, Oberhausen-Neue Mitte, www.modellbahnwelt-oberhausen.de |
Pkw A42, Ausfahrt Oberhausen Neue Mitte (11), Richtung Neue Mitte, Beschilderung
Marina folgen, dann rechts in Zum Aquarium | **ÖPNV** Bus 939, Haltestelle Sea Life/
Marina oder SB 90, SB 92, SB 96, Linie 112, Haltestelle Neue Mitte, dann circa 5 Minuten
Fußweg | **Öffnungszeiten** Di–Fr 11–18 Uhr, Sa 10–19 Uhr, So 10–18 Uhr, feiertags
10–19 Uhr, Mo geschlossen | **Tipp** Direkt neben der Miniaturwelt liegt das Sea Life. Die
spektakuläre Unterwasserwelt ist ein schöner Kontrast zum Modelleisenbahnmikrokosmos.

100___Der Museumsbahnsteig

Reger Verkehr trotz ruhender Züge

Als hier Mitte des 19. Jahrhunderts die ersten Bahnhofsgebäude entstanden, existierte Oberhausen noch gar nicht. Bei dem Bahnhofsnamen, den schließlich die Stadt adaptierte, bediente man sich bei dem in der Nähe gelegenen Schloss Oberhausen. Ist der Bahnhof selbst mit seiner in klassischer Moderne gestalteten Architektur der 1930er Jahre schon ein sehenswertes Objekt, so sind die 1996 stillgelegten Gleise 4 und 5 ein absolutes Highlight. Hier wurde ein Museumsbahnsteig eingerichtet. Als historisch wichtiger Umschlagpunkt der Schwerindustrie und Knotenpunkt der Stammstrecken der Köln-Mindener und der Bergisch-Märkischen Eisenbahn-Gesellschaft wurde dieser Ort entsprechend wiederbelebt. So steht ein Museumszug mit historischen Schlackenpfannenwagen und diversen, der Schwerindustrie zuzuordnenden Spezialgerätschaften bereit.

Die aus vergangenen Industriezeiten erzählenden Objekte auf dem circa 300 Meter langen Bahnsteig werden mit modernen Skulpturen vermischt. Eine 15 Tonnen schwere Stahlkokille ist, künstlerisch aufgewertet, in einen aus einzelnen Scheiben bestehenden Glasblock gebettet. Das ehemalige Wartehäuschen birgt nun informative Schautafeln. Einfahrende Züge auf den Nachbargleisen werden von zwei drei Meter hohen Holzfiguren begrüßt. Sie stehen jeweils am Ende des Bahnsteigs auf 30 Tonnen schweren Gießpfannen. Gestaltet wurde der Museumsbahnsteig 2006 vom Künstleratelier Stark aus Berlin. Er gehört mit zum LVR-Industriemuseum, welches unmittelbar hinter dem Bahnhof steht. Untergebracht in der ältesten Industrieansiedlung Oberhausens, der Zinkfabrik Altenberg, trägt es die über 150-jährige Geschichte der Schwerindustrie zusammen.

In besonderes Licht gehüllt wird der Museumsbahnsteig in den Abendstunden. Eine beeindruckende dreistündige Lichtkomposition taucht die Objekte in ein immer wechselndes Farbspiel und simuliert vorbeifahrende Züge.

Adresse Willy-Brandt-Platz, Oberhausen-Altstadt-Mitte | **Pkw** A40, Ausfahrt Mülheim-Dümpten (17), Richtung Oberhausen, über Zechenbahn, Danziger Straße, Beschilderung Hauptbahnhof folgen | **ÖPNV** Haltestelle Oberhausen Hauptbahnhof | **Tipp** Wenige Autominuten entfernt steht das Schloss Oberhausen mit der Ludwig Galerie – sehenswert.

101 Der Trendsportpark

Eishockey, Skaten und Klettern in trauter Eintracht

Trendsport – jene undefinierte Begrifflichkeit steht für mehr als nur Sport. Soziologen sehen darin einen eigenen Lebensstil. Ob stylische Skater oder naturbewusste Kletterer, im jeweiligen Trendsport vereinigt sich eine soziale Subkultur, die sich durch eigene Sprach- und Kleiderordnungen von anderen abhebt.

Doch hier am Rande des malerischen Kaisergartens werden sie wiedervereint. Die Sport- und Kulturstätte »open airea« integriert trendige Funsportarten mit Etabliertem wie Fußball. Ein Kletterturm mit diversen Routen für Anfänger bis hin zum schwierigen Überhangvorstieg ragt hier ebenso in die Höhe wie diverse Netze der Beachvolleyball- und Beachsoccerabteilung.

Die vom »Zentrum für Ausbildung und Qualifikation e.V.« (ZAQ) konzipierte Anlage ist zudem ein Paradies für alle Inliner und Skater. Der umfangreiche Skaterpark beherbergt Halfpipes, Sprung- und Minirampen, Grindlocks und alles, was zu waghalsigen Experimenten mit den rollenden Brettern einlädt. Inlineskater können an Sturztrainings teilnehmen oder ihren sicheren Stand in der Inlinebahn verbessern. Wer keine Ausrüstung mitbringt, kann sich Fußball, Schutzhelm und Co. einfach vor Ort ausleihen.

Das soziale Projekt wurde als wegweisend vom Land Nordrhein-Westfalen ausgezeichnet. Als Mitarbeiter werden im Rahmen eines Wiedereingliederungsprojekts Langzeiterwerbslose eingesetzt. Zudem lockt die kostenlose Freizeitstätte Kinder von der Straße – eine sozialpädagogische Betreuung steht mit Rat und Tat bereit. Neben den nutzbaren Sportflächen bietet das »open airea« Konzerte und Sportwettbewerbe und stärkt so die subkulturelle Identität ihrer Trendsportler. Doch das Hauptaugenmerk liegt natürlich auf der körperlichen Tätigkeit. Auf dem Mehrzweckfeld wird Handball, Basketball oder Fußball geboten. Im Winter lässt sich bei entsprechender Witterung die große Fläche sogar fluten und zu einem Eishockeyfeld umfunktionieren.

Adresse Am Kaisergarten 28, Oberhausen, www.openairea.de | **Pkw** A42, Ausfahrt Ober-hausen-Zentrum, Richtung CentrO der Konrad-Adenauer-Straße (B223) folgen, dann rechts in Am Kaisergarten | **ÖPNV** Bus 122, Haltestelle Schloss Oberhausen, dann circa 5 Minuten Fußweg | **Öffnungszeiten** ganzjährig ab 10 Uhr, saisonal unterschiedliche Schlusszeiten, Eintritt frei | **Tipp** Im angrenzenden Kaisergarten findet sich der zum ZAQ gehörende Generationengarten, eine Bogenschießanlage, eine klassische Minigolfbahn und für die Kleinen ein Streichelzoo.

102 Das Trainingsbergwerk

Vom »Klärchen« zum modernen Ausbildungszentrum

Die im Schatten der Halde Hoheward stehende, dicht begrünte Berghalde birgt in ihrem Inneren lehrreiche Stollen. Seit 1975 befindet sich in ihr und auf dem Gelände um Schacht II der Zeche Recklinghausen das Trainingsbergwerk der Ruhrkohle AG (RAG). Der Zweite Weltkrieg hatte bereits für die Untergrabung der Halde gesorgt. Die vorhandenen Schutzvorrichtungen, Versorgungsschächte, Stollen und Bunkerräume zur sicheren Abschirmung der Bergleute vor den Gefahren des Krieges bildeten die ideale Voraussetzung, hier einen Untertagelehrstuhl einzurichten.

Weitere Ausbauten schufen eine perfekte Imitation der Welt, die sonst über 1.000 Meter in die Tiefe reicht. Wer hier ausgebildet wird, lernt mit progressiver Technik das Handwerk des Bergbaus. Egal, ob der Bergmann unter Tage mit den derzeit modernsten Abgrabungsmaschinen oder der Ingenieur oder Steuermechaniker in der Schaltzentrale über Tage an fortschrittlicher Computertechnologie – ausgebildet wird jede Berufsgruppe, die im Bergbau Verwendung findet. Insgesamt 44 verschiedene Lehrgänge für Erst- und Fortbildungen werden angeboten.

Seit 1869 förderte hier der Schacht »Clerget« Kohle. Aus »Clerget«, einer französischen Stadt, wurde im Recklinghausener Sprachraum schnell »Klärchen«. Neue Schächte folgten. Eine Kokerei entstand. Die Infrastruktur wuchs. Doch den liebevollen Spitznamen »Klärchen« behielt die Zeche Zeit ihres Lebens. 1977 wurde sie dann endgültig geschlossen. Noch heute ist aber der markante Förderturm des ehemaligen Schachtes II der Zeche Recklinghausen prägende Landmarke in Recklinghausen-Hochlarmark. In den noch erhaltenen Zechengebäuden befinden sich nun die Schulungsräume der Berufsschule. Um das theoretische Wissen in der Praxis üben zu können, bedarf es nur wenige Meter Fußmarsch. Doch auch wissbegierige Bergbauinteressierte dürfen hier ins Haldenwerk einfahren.

Adresse Wanner Straße 30, Recklinghausen, www.rag.de | **Pkw** A42, Ausfahrt Herne-Wanne (19), Richtung Herten, rechts in Im Emscherbruch bis Wanner Straße, oder A43, Ausfahrt Recklinghausen-Hochlarmark, Richtung Recklinghausen Süd, links auf die Westfalenstraße bis Wanner Straße | **ÖPNV** Bus 239, 210, Haltestelle Michaelstraße oder Zeche Recklinghausen II | **Öffnungszeiten** Führungen nur nach Voranmeldung | **Tipp** Zwischen Karlstraße und Westfalenstraße liegt die noch gut erhaltene Dreieck-Siedlung.

103 Die Fossa Eugenia

Der vergessene Rhein-Maas-Kanal

1626 befehligte die Generalstatthalterin der Spanischen Niederlande, Isabella Clara Eugenia, den Bau einer künstlichen Wasserstraße vom Rhein zur Maas. Der Kanal (lat. *fossa*) sollte die nordholländischen Provinzen, die gegen die spanische Herrschaft im Achtzigjährigen Krieg revoltierten, vom Rheinland abschneiden und so zwischen Rheinberg und Venlo eine wirksame, »natürliche« Sperre gegen die holländische Reiterei bilden. Zusätzlich sollten die lukrative Rheinschifffahrt über Antwerpen umgeleitet und die gegnerischen Häfen Rotterdam und Amsterdam wirtschaftlich handlungsunfähig gemacht werden. Doch wegen ständiger Scharmützel und Einfällen der oranischen Kavallerie wurde der Bau des fast fertiggestellten, heute vergessenen Rhein-Maas-Kanals 1629 gestoppt und schließlich aufgegeben. Nur ein kleines Teilstück zwischen Rheinberg und Kamp blieb eine Zeit lang für Boote befahrbar.

Heute ist die Fossa Eugenia noch auf weiten Strecken gut erhalten. Zwischen Rheinberg und Kamp-Lintfort, entlang der Bundesstraße B510, ist die Fossa in ihrer gesamten Breite deutlich sichtbar. Die zur militärischen Befestigung errichteten Schanzen und Schutzwälle sind erkenn- und begehbar. Ein Radwanderweg erschließt die historische Fossa Eugenia in ihrer gesamten Länge Richtung Geldern.

In Rheinberg wurden wasserführende Teile mittlerweile in unterirdische Rohre gelegt. Hier diente sie als Abwasserkanal der linksrheinischen Kohleindustrie. Nördlich des Amtsgerichts befindet sich noch eine kleine Schleuse.

Die Fossa Eugenia mündete in Rheinberg in den Rhein. Heute zeugt nur noch ein Altarm von der einstigen Anwesenheit des großen Stroms in der Stadt. Das neue Flussbett des Rheins hat sich übrigens nicht durch Flussbegradigungen von Rheinberg abgewandt. Durch extremes Hochwasser und Eisgang baute sich der Rhein bereits 1668 etwa drei Kilometer weiter östlich sein neues heutiges Bett.

Adresse Am Kanal, Rheinberg-Stadtmitte, oder entlang der B510 bis Lintfort | **Pkw** A57, Ausfahrt Rheinberg (7), auf B510, Beschilderung Richtung B57 folgen, auf B57 Beschilderung nach Xanten/Wesel, links auf die Xantener Straße, links auf Am Kanal | **ÖPNV** Bus 1, 8, 9, 38, 68, 913, Haltestelle Dr.-Aloys-Wittrup-Straße | **Tipp** Besuchenswert ist der »Rheinberg War Cemetery«, ein britischer Soldatenfriedhof.

104_ Der TerraZoo

Reptilienhaus mit Schlangenzucht

Vom »Azurblauen Baumsteiger« über die »Waldklapperschlange« bis zum »Zwerggürtelschweif« – hier sind Reptilien, Amphibien, Rieseninsekten und Wirbellose aller Art zu Hause. Circa 250 Individuen, von harmlosen Tausendfüßern bis zu gefährlichen Nilkrokodilen, leben im TerraZoo artgerecht unter heimischen Bedingungen. Der TerraZoo selbst ist dabei ein rein privates Institut, welches sich durch Spenden und Tierpatenschaften finanziert. Angefangen hatte es mit einer Idee von Daniel Kahlen. Der Reptilienliebhaber initiierte 1996 den TerraZoo in Moers. 2001 erfolgte schließlich der Umzug nach Rheinberg.

Hier kann man den Tierpflegern noch über die Schulter schauen oder bei den, im günstigen Eintrittspreis enthaltenen, offenen Führungen gar den Tieren hautnah begegnen. Gern geben die Pfleger interessante Einblicke in das originäre Leben der Tiere und berichten über ausgefallene Jagdmethoden von Spinnentieren, exotisches Balzverhalten von Reptilien und schützende Mimikry von Phasmiden.

Der große, frei begehbare Außenbereich mit dem »Rattlesnake Café« bietet eine weitere Besonderheit. Auf einer abgetrennten Wiese leben giftige Kreuzottern. Sie werden zwar veterinärmedizinisch versorgt und gefüttert, sind aber größtenteils den Witterungsbedingungen gnadenlos ausgesetzt. Es handelt sich um eine Zuchtstation der hier heimischen Giftschlange.

Besonders schaurig wird es im TerraZoo immer am 31. Oktober eines jeden Jahres – Halloween. Dann verwandelt sich die Reptilienwelt in Rheinberg in ein gespenstisches Gruselkabinett. Abgedunkelt und dank Kunstnebel in eine geheimnisvolle Atmosphäre getaucht, wollen nun allein mit Taschenlampen Vogelspinnen, Gottesanbeterinnen, Gespenstschrecken und Co. entdeckt werden. Kostümierte Pfleger und Gäste machen die animalische »Halloween Nacht« für mutige Kinder zu einem unvergesslichen Erlebnis.

Adresse Melkweg 7, Rheinberg-Winterswick | **Pkw** A57, Ausfahrt Rheinberg, über die Rheinberger Straße (B510) rechts auf den Melkweg | **Öffnungszeiten** Di–Sa 10–18.30 Uhr, So, feiertags 10.30–18 Uhr, Mo geschlossen | **Tipp** Der Rheinberger Straße weiter gen Osten folgend, stößt man auf die mittelalterliche Siedlung Orsoy mit alter Stadtbefestigung mitten am Rhein.

105 Die Ruhrflutbrücke

*Eine scheinbar nutzlose Brücke ganz allein
auf weiter Flur*

1907 war es endlich so weit. Ergste wurde an die preußisch-hessische Staatseisenbahn angeschlossen. Nach langem bürokratischem Kampf begann man mit dem Bau des Bahnhofs – 1910 wurde die Strecke feierlich eröffnet. Die zwischen Ergste und Wandhofen die Ruhr überspannende Eisenbahnbrücke steht noch heute und ist ein denkmalgeschütztes Paradebeispiel der Ingenieurs- und Brückenbaukunst des frühen 20. Jahrhunderts.

Der Bahntrasse südlich über das Ruhrtal folgend, findet sich eingeklemmt im Bahndamm eine weitere kuriose und ebenso eindrucksvolle Stahlfachwerkbrücke. Sie überspannt keinerlei Gewässer und steht scheinbar grundlos mitten in der weiten Flur – 400 Meter von der Ruhr entfernt: die »Ruhrflutbrücke Wandhofen«. Sie dient als Schlupfloch für die bei Hochwasser aus ihrem Bett kriechende Ruhr.

Ein durchgängiger Bahndamm würde die Ruhr bei erhöhtem Pegel aufstauen. Und dass ein Bahndamm durchaus kein Hindernis für entfesselte Wassermassen ist, haben die Ergster bereits zweimal in der Geschichte ihrer Eisenbahntrasse erleben müssen. Ursprünglich war die Ruhrflutbrücke von der Bauleitung nicht vorgesehen. Warnungen über die bei Hochwasser tückische Ruhr wurden überhört – ein Fehler. Im Jahr 1909 konnte der geschlossene Damm dem Druck der sich aufstauenden Wassermassen nicht standhalten – und brach. Im Folgejahr wurde daraufhin das circa 100 Meter lange stählerne »Bahnviadukt« eingefügt.

Als dann am 17. Mai 1943 die Möhnetalsperre von einem britischen Bomber zerstört wurde, ergoss sich die Möhne sintflutartig in die Ruhr – der gewaltigen Springflut war der Durchlass der Ruhrflutbrücke zu klein. Wieder staute sich das Wasser, wieder brach der Damm. Heute sind die beiden eindrucksvollen Stahlkonstruktionen der Ruhrflutbrücke und der eigentlichen Ruhrbrücke stumme Zeugen Schwerter Eisenbahngeschichte und Teil der Industriekultur.

Adresse Lindenufer, Schwerte-Ergste | **Pkw** A45, Ausfahrt Schwerte-Ergste, Richtung Schwerte-Westhofen, an der Unterdorfstraße links bis Lindenufer | **ÖPNV** DB bis Ergste, dann circa 10 Minuten Fußweg | **Tipp** Befindet man sich schon mal in Schwerte, sollte man auf jeden Fall noch die Altstadt und das Ruhrtalmuseum besuchen.

106 Der Industriepark

Altes Bergbaugerät und »die Wiege des Ruhrbergbaus«

Dass Stollen und Strecken abgestützt werden, um ein Einsacken der Decken und Wände zu verhindern, ist bekannt. Dass jedoch ab circa 800 Meter Tiefe bei entsprechender Gebirgsstruktur und Druck die Sohle (der Boden) in die Gänge quellen kann, ist vielleicht nicht jedem klar. Damit der Betriebsablauf nicht gestört wurde, sorgten Senklader ständig für vakante Tunnel. Im neuen Industriepark ist eines dieser eher unbekannten Kettenfahrzeuge ausgestellt. Zusammen mit weiteren großen Exponaten wie Lüfterrädern, Brikettpressen, Abteufkübeln und Dampfhämmern erinnert er an die Sprockhöveler Industriegeschichte.

Eins haben die elf Objekte im Park alle gemeinsam: Sie fanden alle in der benachbarten Zeche Alte Haase Verwendung. Die Zeche war eine der ersten im Ruhrgebiet (17. Jahrhundert) und machte Sprockhövel zur »Wiege des Ruhrbergbaus«. Die Bauern waren es, die hier schon ab dem 15. Jahrhundert auf ihren Feldern ausstreichende Magerkohle quasi von der Erde kratzten. Aus diesem zufälligen Fund entwickelte sich langsam die ertragreiche Kohleindustrie. Doch neben der langen Geschichte der Alten Haase ist auch der Arbeitswille ihrer Bergleute hervorzuheben. Obwohl die Zeche 1925 geschlossen wurde, arbeiteten sie aus Existenzängsten und Protest einfach weiter – lohnfrei. Ein halbes Jahr hielt der Arbeitskampf an. Als er schließlich politisches Aufsehen erregte, ging die Zeche 1926 wieder in Betrieb und förderte noch über 40 Jahre profitabel weiter.

Die 1969 stillgelegte Zeche ist mittlerweile durch moderne Lofts und Büroräume neu erschlossen worden. Doch unterhalb des sehenswerten Malakowturms der Zeche Alte Haase liegt noch immer der Schacht Julie. Von ihm führt ein Wasser- und Wetterstollen in den jetzigen Industriepark. Das historische Mundloch zeugt noch heute davon, dass die Wiesen des schönen Parks einst mit Grubenwasser geschwemmt und als »Klärwerk« genutzt wurden.

Adresse Hattinger Straße 37, Sprockhövel-Niedersprockhövel, www.hgv-sprockhoevel.de/park | **Pkw** A43, Ausfahrt Sprockhövel (22), Richtung B51 Sprockhövel, links in die Querspange | **ÖPNV** Bus SB37, 332, Haltestelle Niedersprockhövel Kirche | **Tipp** Wo einst die Flöze zutage traten, sind heute Bergbauwanderwege eingerichtet. Homepage beachten.

107 Die Camera Obscura

Das Lichtkunstzentrum und die Fibonacci-Reihe

Das Prinzip einer Camera Obscura ist einfach. Durch ein kleines Loch fällt Licht in ein abgedunkeltes Behältnis und wirft ein Bild auf die rückwandige Projektionsfläche. Die bildliche Reproduktion wird durch die kleine Öffnung sehr lichtschwach. Abhilfe schaffen vorgelagerte Linsen, die das Licht bündeln.

In Unna wurde 2009 eine solche Lochkamera überdimensioniert und begehbar errichtet. Sie ist Teil des weltweit einzigen Museums, welches sich ausschließlich der Lichtkunst widmet – dem Zentrum für Internationale Lichtkunst Unna. In den unterirdischen Gängen der ehemaligen Lindenbrauerei fanden sich ideale Voraussetzungen zur Realisierung der Lichtsammlung. Die zunächst dunklen Kühlräume und Gärbecken werden durch die Installationen verschiedener renommierter Künstler zu einer erlebnisreichen Ausstellung gestaltet. Lichtkunstobjekte wie zum Beispiel der »Tunnel of Tears« von Keith Sonnier schaffen mit spektakulären Farbenspielen und Schattenwürfen in den Kellerräumen eine sphärische Stimmung.

Durch einen Tunnel ist die Camera Obscura zu erreichen. In den dunklen Raum fällt nur durch eine Linse in der Decke Licht und wirft ein klares Abbild des Unnaer Himmels auf eine helle Marmorplatte. »Camera Obscura Space« nannte James Turrell diesen unteren Raum seines zweiteiligen »Third Breath, 2005«. Der obere zylindrische Raum (der »Sky Space«) ist wie eine Röhre auf den Kubus und seine Linse gestülpt und ragt 14 Meter hoch in den Lindenplatz hinein. Von hier kann der Himmel durch die runde Deckenöffnung wahrgenommen werden.

Hoch hinaus ragt auch die an der Fassade des alten Kamins der Lindenbrauerei installierte, scheinbar willkürliche Leuchtziffernfolge. Das weit sichtbare Zahlenobjekt ist zum Wahrzeichen des Lichtkunstzentrums geworden und folgt einem einfachen mathematischen System – der Fibonacci-Reihe: Jede Zahl ist die Summe der beiden vorherigen.

Adresse Lindenplatz 1, Unna-Stadtmitte, www.lichtkunst-unna.de | **Pkw** A1, Ausfahrt Unna (84), Richtung Unna (B1), links auf die Feldstraße Richtung Unna-Zentrum, rechts auf die Massener Straße bis zum Lindenplatz. | **ÖPNV** vom Bahnhof Unna fußläufig zu erreichen | **Öffnungszeiten** nur in Zusammenhang mit Führungen, Di, Mi und Fr 14, 15.30, 17 Uhr, Do zusätzlich 18.30 Uhr, Sa, So, Feiertags stündlich von 13–17 Uhr, Mo geschlossen | **Tipp** In Mülheim an der Ruhr steht eine weitere begehbare Camera Obscura im »Museum zur Vorgeschichte des Films«.

108__ Der Circus Travados

Ein Festzeltzirkus mit fantastischen Shows

Travados sind tropische Wirbelstürme. Doch hier bedeutet das portugiesische Wort mehr. Schließlich hat sich der ansässige Circus nicht ohne Grund nach den stürmischen Winden der afrikanischen Ostküste Mosambiks benannt. Im Unnaer Kurpark steht es für Ideenstürme und wirbelnde Kreativität.

Angefangen hat es 1983 mit einer Idee des Jugendamtes. Das Sommerprojekt sollte Jugendlichen ein artistisches Ferienprogramm bieten. Der Circus fand großen Anklang und ging 1985 bereits für sechs Wochen mit 40 Kindern auf Tournee. Schnell gründete sich der Bemposta e.V. und übernahm die Trägerschaft. Er kaufte nicht nur Zirkuspferde, sondern übernahm auch das Gelände der jetzigen Menagerie.

Seit 1991 hat der Circus dauerhaft sein Lager im Kurpark Königsborn aufgeschlagen. Auf dem geschichtsträchtigen Areal stand einst die für Unnas Salzhandel wichtige Königsborner Saline mit angeschlossenem Solbad. Alte Wirtschaftsgebäude wie das Windpumpwerk sind noch immer erhalten und zu bewundern.

Bei zunehmenden Besucherströmen wurden die Zelte des Circus Travados schnell zu klein, und so wechselte man vom Zwei- zum Viermaster. Hier fand reger internationaler Austausch statt – Gastartisten und Schauspielschüler verschiedener Länder spielten zusammen mit den Travadoskünstlern. 1995 gründete man schließlich eine Zirkusschule. Dem hohen Niveau an Akrobatik und Artistik folgte schließlich ein Festbau. Angelehnt an klassische Zirkuszelte, entstand 2003 ein architektonisches Kunstwerk aus Holz. Die frei tragende hölzerne Kuppel macht die Zeltmasten überflüssig und ermöglicht nun einen uneingeschränkten Blick von jedem der 500 Plätze in die Manege hinein.

So hat sich der Zirkusbau in Unna mittlerweile etabliert. Von Tanztheater bis hin zu Zirkusshows wird in Eigenproduktion nun alles aufgeführt, was der Atmosphäre des Zirkuszeltes gerecht wird. Eben ein Wirbelsturm abwechslungsreicher Programme.

Adresse Kurpark 10, Unna-Königsborn, www.travados.net | **Pkw** A1, Ausfahrt Kamen-Zentrum (83), rechts auf die B233 Richtung Unna/Königsborn/Kamen, links in die Park-straße, links in die Platanenstraße, dort parken | **ÖPNV** Bus R81, C44 Haltestelle Amts-gericht Königsborn, oder DB S4 Haltestelle Unna-Königsborn, dann jeweils 10 Minuten Fußweg | **Öffnungszeiten** je nach Programm, Homepage beachten | **Tipp** Westlich des Kurparks finden sich die Salzsieder-Gademen, schlichte Unterkünfte der ehemaligen Salinenarbeiter.

109 Die Provinzialstraße

Kuriositäten an der »alten Schachtschleuse«

Wer den Ortseingang passiert und die Provinzialstraße betritt, ist zunächst verwirrt. Ist man hier in Datteln oder in Waltrop? Die Ortseingangsschilder bringen Klarheit: sowohl als auch. Der Kleinkosmos Ruhrgebiet, in dem Städte ineinander verschmelzen, wird hier zur Vollendung gebracht. Die Stadtgrenze zieht sich über den gesamten Straßenverlauf den Mittelstreifen entlang – einmalig in Deutschland. Die nördliche Straßenseite gehört zu Datteln, die südliche Hälfte zu Waltrop.

Doch dies führt auf dem 400 Meter langen Straßenabschnitt zu behördlichen Dopplungen. So haben unmittelbare Nachbarn verschiedene Bürgermeister, Müllabfuhrtage und Amtswege. Neben diesem Kuriosum bietet die Provinzialstraße auch imposante Industriekultur – diesmal eindeutig auf Waltroper Seite: die »alte Schachtschleuse«. Zusammen mit der neuen Schleuse und den beiden Hebewerken gehört sie zu dem Schleusenpark Henrichenburg. Vier Generationen verschiedener »Abstiegsbauwerke« sind hier auf engstem Raum vereint. Die »alte Schachtschleuse« wurde 1914 zeitgleich mit der Vollendung des Rhein-Herne-Kanals in Betrieb genommen. Sie unterstützte dabei das seit 1899 schleusende Hebewerk. Dieses wurde ab 1962 langsam von dem neuen Hebewerk abgelöst und 1970 endgültig geschlossen und zu einem Museum umgebaut. Von hier werden Rundschifffahrten durch den Schleusenpark angeboten.

Die alte Schachtschleuse erhielt erst 1989 ihren Nachfolger. Das beeindruckende Bauwerk schleust nun nur noch Passanten durch ihr offen stehendes Tor. Ihr ehemaliges Schleusenbecken ist trockengelegt, das Unterwasser zu einem Hafenbecken umgebaut worden.

Über die Provinzialstraße sowie über Rundwege lassen sich alle vier Bauten, von denen drei denkmalgeschützt sind, innerhalb weniger Minuten erreichen. Ein weiteres verwirrendes Kuriosum: Benannt sind die Waltroper Anlagen nach dem Castrop-Rauxeler Stadtteil Henrichenburg.

Adresse Provinzialstraße, Waltrop-Westhof, www.hebewerk-henrichenburg.de | **Pkw** A2, Ausfahrt Henrichenburg (11), Richtung Datteln (B235), rechts in die Provinzialstraße | **ÖPNV** Bus 284, 231, Haltestelle Waltrop Hebewerk | **Tipp** Neben dem LWL-Industriemuseum im alten Schiffshebewerk befindet sich auch eine weitere Ausstellungshalle direkt neben der alten Schachtschleuse.

110___Der Diersfordter Eiskeller
Schloss Diersfordt und sein Kühlraum

Eiskeller wurden noch bis in die 1950er Jahre genutzt. Ihre Zweck-
mäßigkeit war aber schon Jahrhunderte vorher bekannt. Die teilweise unterirdisch angelegten Gebäude sorgten durch geschickte
Wärmeisolation für eine fortwährende Kühlung. So konnten nicht
nur Speisen frisch gehalten werden. Ab dem 18. Jahrhundert be-
dienten sich auch diverse Manufakturen ihrer Funktionalität. Zunächst waren Eiskeller jedoch eher der sozialen Oberschicht vorbehalten und auf Burg- und Schlossanlagen anzutreffen.

Der Eiskeller der damaligen »Herrlichkeit Diersfordt« ist noch
einer der wenigen erhaltenen »Kühlräume« vergangener Zeiten. Ein
Keller im eigentlichen Sinne ist er nicht, sondern ein altes Wirtschaftsgebäude des Schlosses Diersfordt. Das sogenannte »Torhaus
Eiskeller« mit seinen barocken Elementen konnte durch langjähri-
ge Sanierung 2004 wieder der Öffentlichkeit zugänglich gemacht
werden. Einst wurden hier unter anderem Lebensmittel dauerhaft
konserviert. »Eisbauern« sägten im Winter aus den zugefrorenen
Burggräben Eisklötze und schichteten sie zu Platten in den Eiskeller. Die kühlen Gewölbe konnten so bis in den späten Herbst frostige Temperaturen garantieren. Heute beherbergt der Bau vor dem
Diersfordter Schloss ein kulturgeschichtliches Museum.

Der mühselig in Eigenleistung des Heimatvereins »Herrlichkeit
Diersfordt e.V.« renovierte Bau bietet nun abwechslungsreiche Veranstaltungen. Neben der Dauerausstellung im Obergeschoss finden
im Kaminzimmer des Eiskellers kulturelle Programmabende und
Sonderausstellungen statt.

Die Initiative des Heimatvereins ging aber über den Erhalt des
ehemaligen Eiskellers hinaus – auch die trockenen Schlossgräben
wurden wieder bewässert. Mit dem Schloss, den neu gestalteten Gärten, Wallanlagen und nicht zuletzt dem wiederhergestellten Eiskeller, wurde Diersfordt wieder zu dem, was es mal war – eine ästheti-
sche Herrlichkeit.

Adresse Am Schloss 3, Wesel-Diersfordt, http://heimatverein.diersfordt.de, www.diersfordt.de | **Pkw** A3, Ausfahrt Wesel (6), Richtung Schermbeck/Wesel auf B58, rechts auf die Hagerstownstraße, circa 8 Kilometer folgen, links auf die Mühlenfeldstraße, 2. rechts Am Schafstall | **Öffnungszeiten** Ausstellungen bitte der Homepage entnehmen, sonstige Besichtigungen nach Absprache. | **Tipp** Die Diersfordter Schlosskirche wird zu Recht als barockes Juwel am Niederrhein bezeichnet. Ein Besuch lohnt sich.

111 Burg Hardenstein

Der Zwergenkönig und die Hardenstein'sche Geldnot

Einer Sage nach lebte ein unsichtbarer Zwergenkönig namens Goldemar als Gast der von Hardensteins in der Burg. Ein zu neugieriger Küchenjunge besiegelte das fatale Schicksal der von Hardenbergs. Durch Ausstreuen von Asche wollte er des Zwerges Anwesenheit anhand seiner Fußspuren beweisen. Zwar wurde der Küchenjunge auf frischer Tat erwischt, getötet und fürstlich verspeist, dennoch zogen sich die von Hardensteins den Groll des Zwergenkönigs zu. Goldemar verfluchte den Familienclan und verschwand.

Vielleicht ist dieser Fluch schuld an dem jahrhundertewährenden Geldmangel der von Hardensteins. Im Jahr 1378 ritt der Wittener Heinrich IV. von Hardenstein aus monetärer Not sogar gegen die Stadt Dortmund zu Felde – und verlor.

Bis ins 16. Jahrhundert war der Herrensitz noch bewohnt. Danach wurde er als Lagerstätte für den aufkommenden Bergbau genutzt. Seit dem 18. Jahrhundert steht die Burg Hardenstein leer und verfällt zunehmend. Nun ist sie eine atmosphärische Ruine direkt am Südufer der Ruhr. Die Witterung setzt ihr noch heute zu. 2010 brach erneut ein Stück Mauerwerk, diesmal zwischen Küche und Saalkammer, zusammen. Ihren Charme hat sie dadurch nicht eingebüßt.

Noch immer zieht sie Ausflügler an und versetzt sie in mittelalterliche Zeiten zurück. Die beiden flankierenden Rundtürme ragen noch gut erhalten zwischen den Trümmern hervor und harmonieren mit der Landschaft des Ruhrtals. Die Burg Hardenstein ist gleich auf mehrere Arten erreichbar: mit der Museumsbahn »Ruhrtalbahn«, deren Haltepunkt direkt hinter dem nördlichen Gemäuer liegt, über den Muttentaler Bergbauwanderweg, der Einblicke in die Bergbaugeschichte Wittens gibt, oder über die kostenlose Ruhrtalfähre. Sie erschließt nicht nur das nördliche Ufer der Ruhr mit seiner Herbeder Schleuse und Wärterhäuschen. Vom Wasser aus bietet sich den Besuchern ein besonders schöner Blick auf die Burgruine.

Adresse Hardensteiner Weg, Witten-Herbede, www.burgfreunde-hardenstein.de | **Pkw** A43, Ausfahrt Witten-Heven (20), auf der Seestraße Richtung Witten-Heven, rechts in die Wittener Straße, links in die Vormholzer Straße, links auf den Vormholzer Ring, rechts in die Karl-Legien-Straße, rechts Zu den Tannen, links in den Hardensteiner Weg, von dort circa 20 Minuten Fußweg | **ÖPNV** Bus 339, Haltestelle Witten Freizeitbad | **Tipp** Im Hallenbad Herbede ist ein Hardenbergarchiv untergebracht. Im Museum, Stadtmagazin und im Rathaushof sind verschiedene archäologische Fundstücke zu sehen. Nach Terminabsprache können sie begutachtet werden.

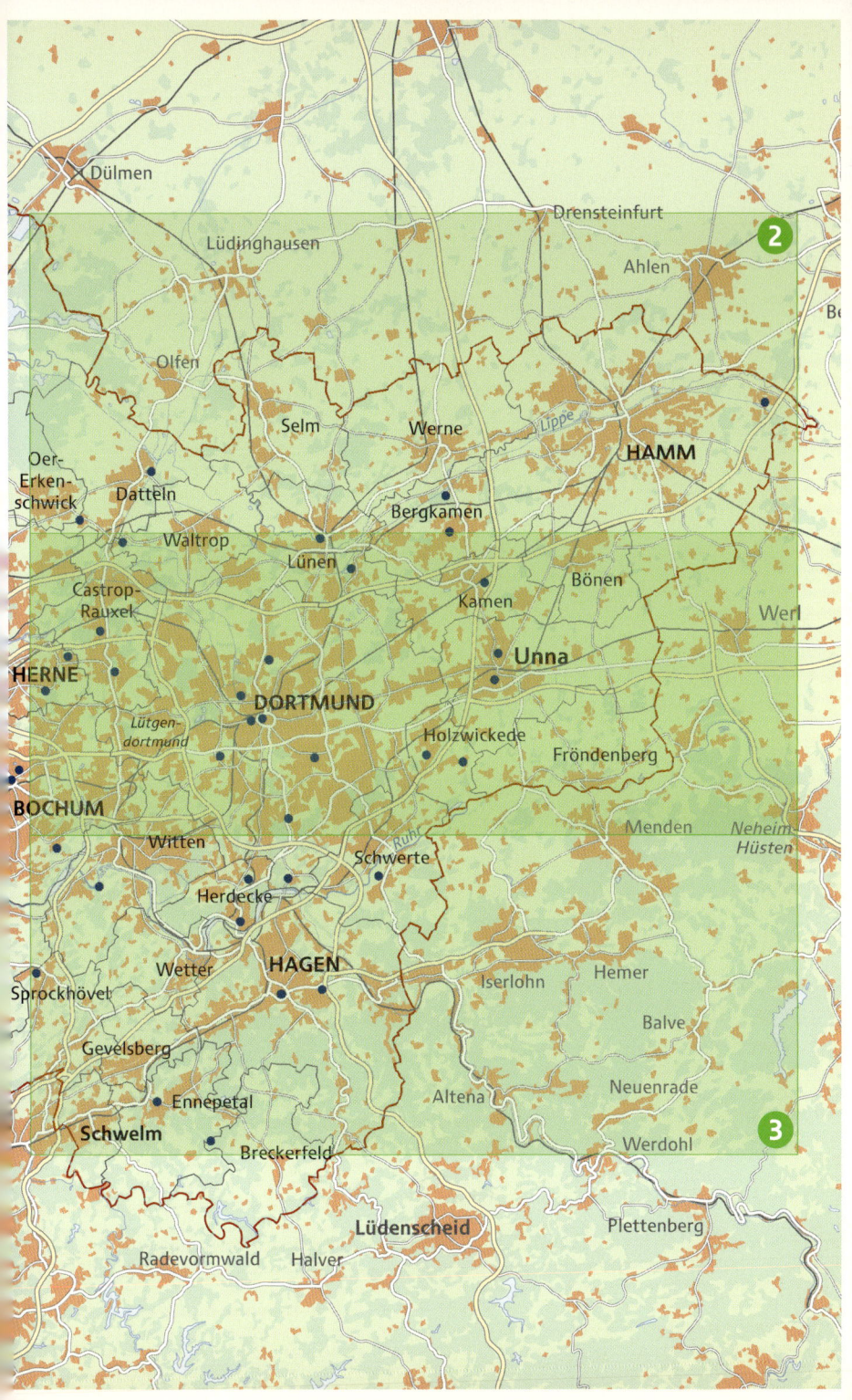

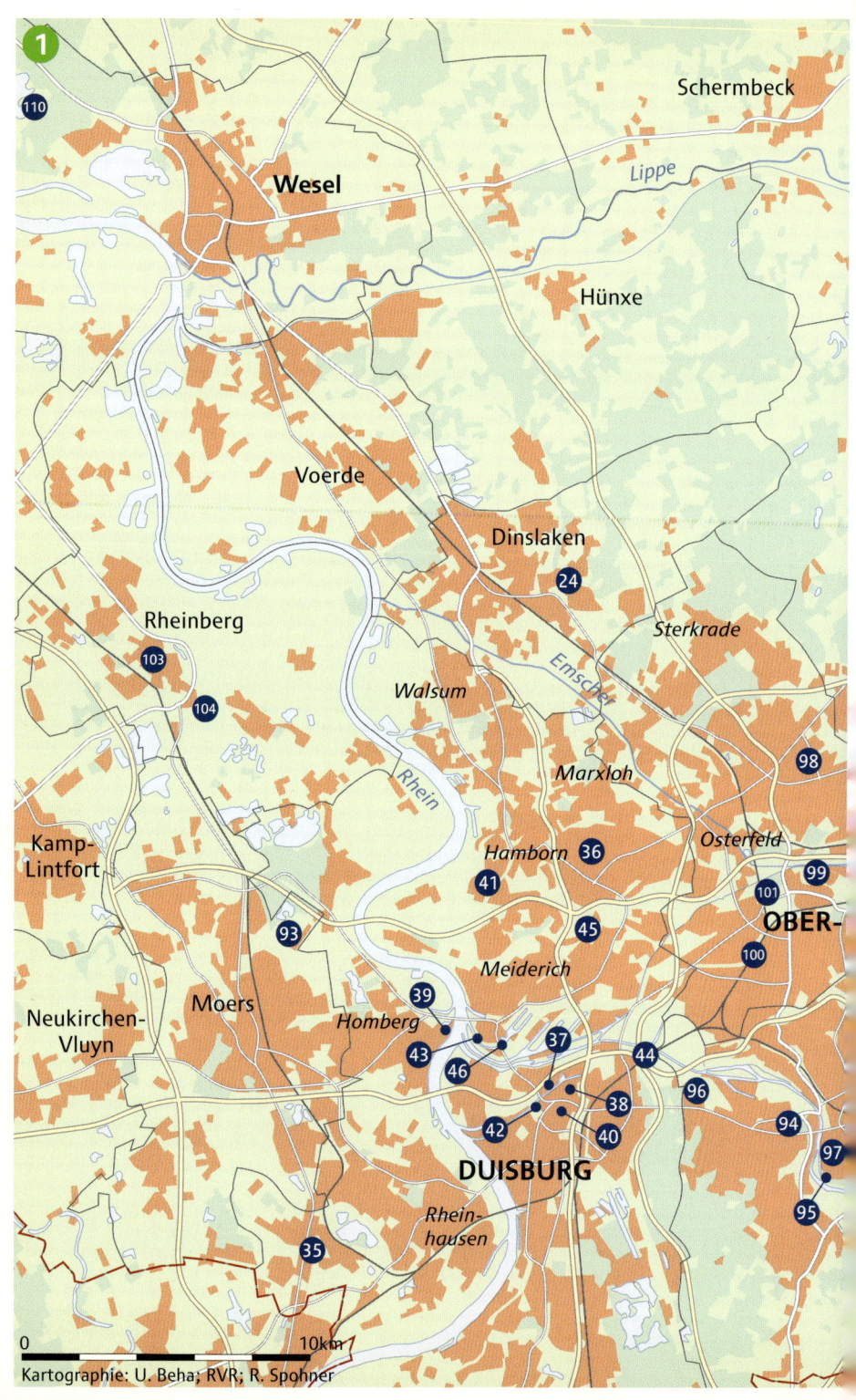

1

Schermbeck

Lippe

Wesel

110

Hünxe

Voerde

Dinslaken

24

Sterkrade

Rheinberg

Emscher

103

Walsum

104

Rhein

98

Marxloh

Osterfeld

Kamp-
Lintfort

Hamborn   36

99

41

OBER-

101

45

100

93

Meiderich

Moers

39

Homberg

37

44

43   46

96

42

38   94

40

97

DUISBURG

95

Neukirchen-
Vluyn

Rhein-
hausen

35

0   10km

Kartographie: U. Beha; RVR; R. Spohner

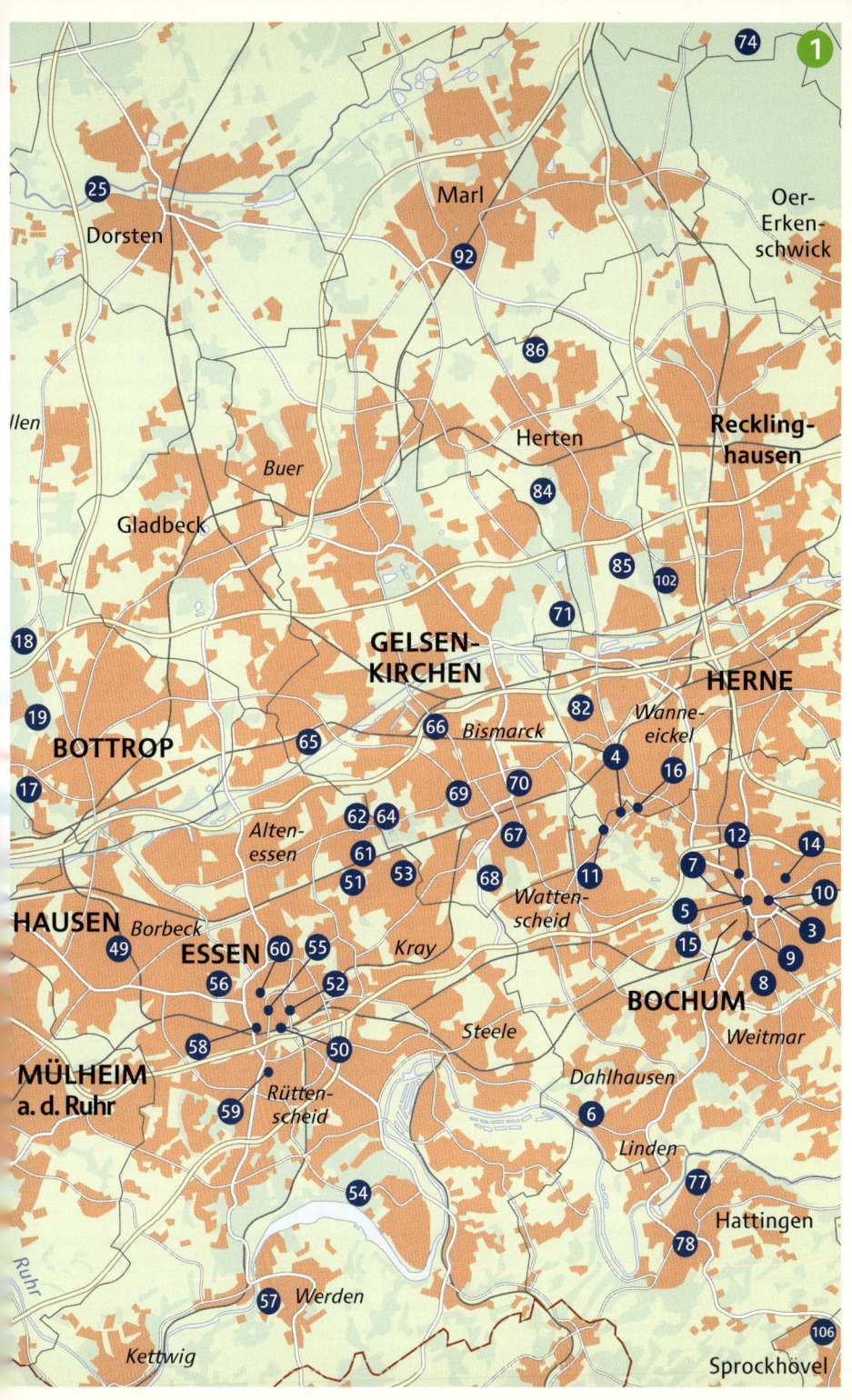

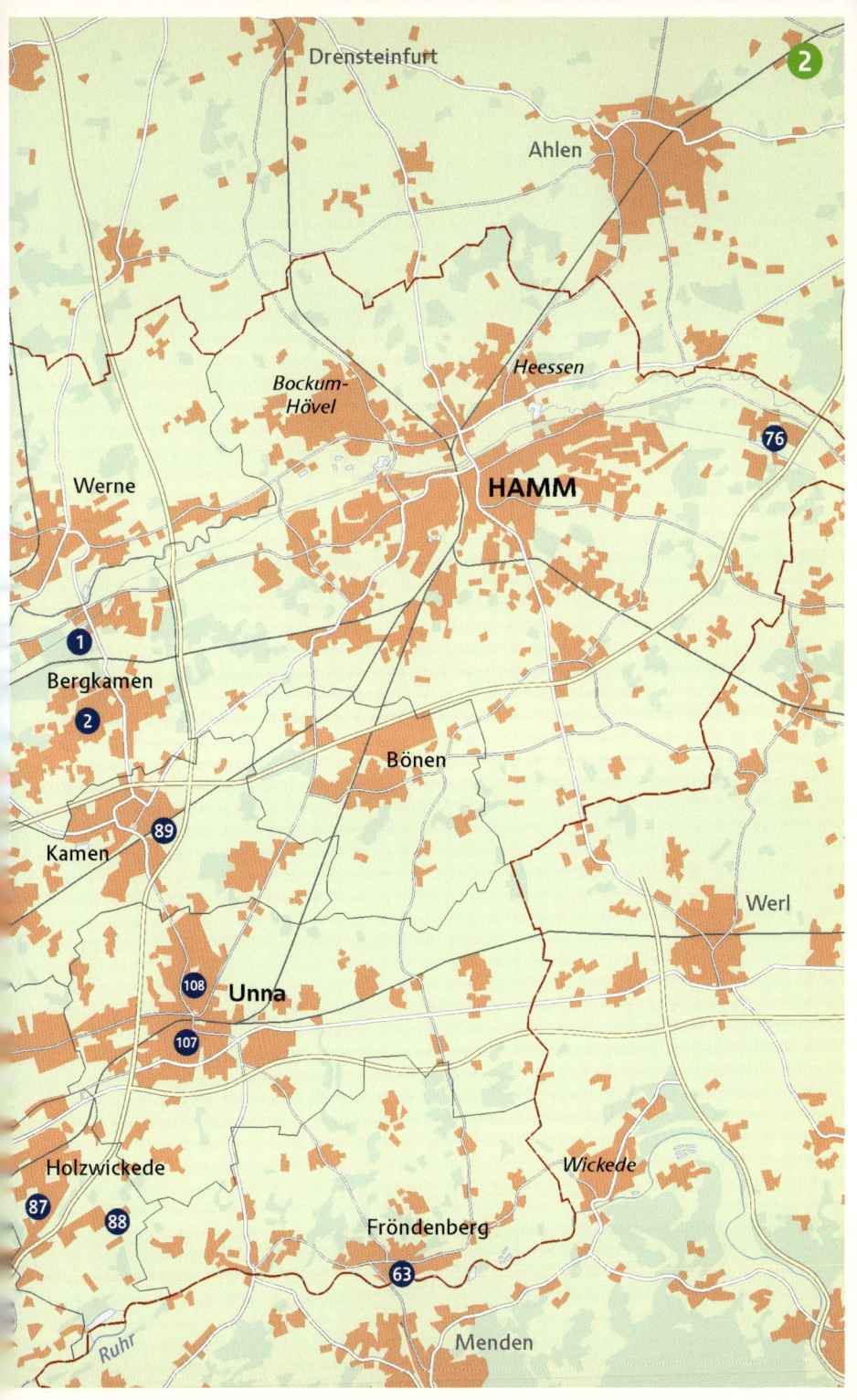

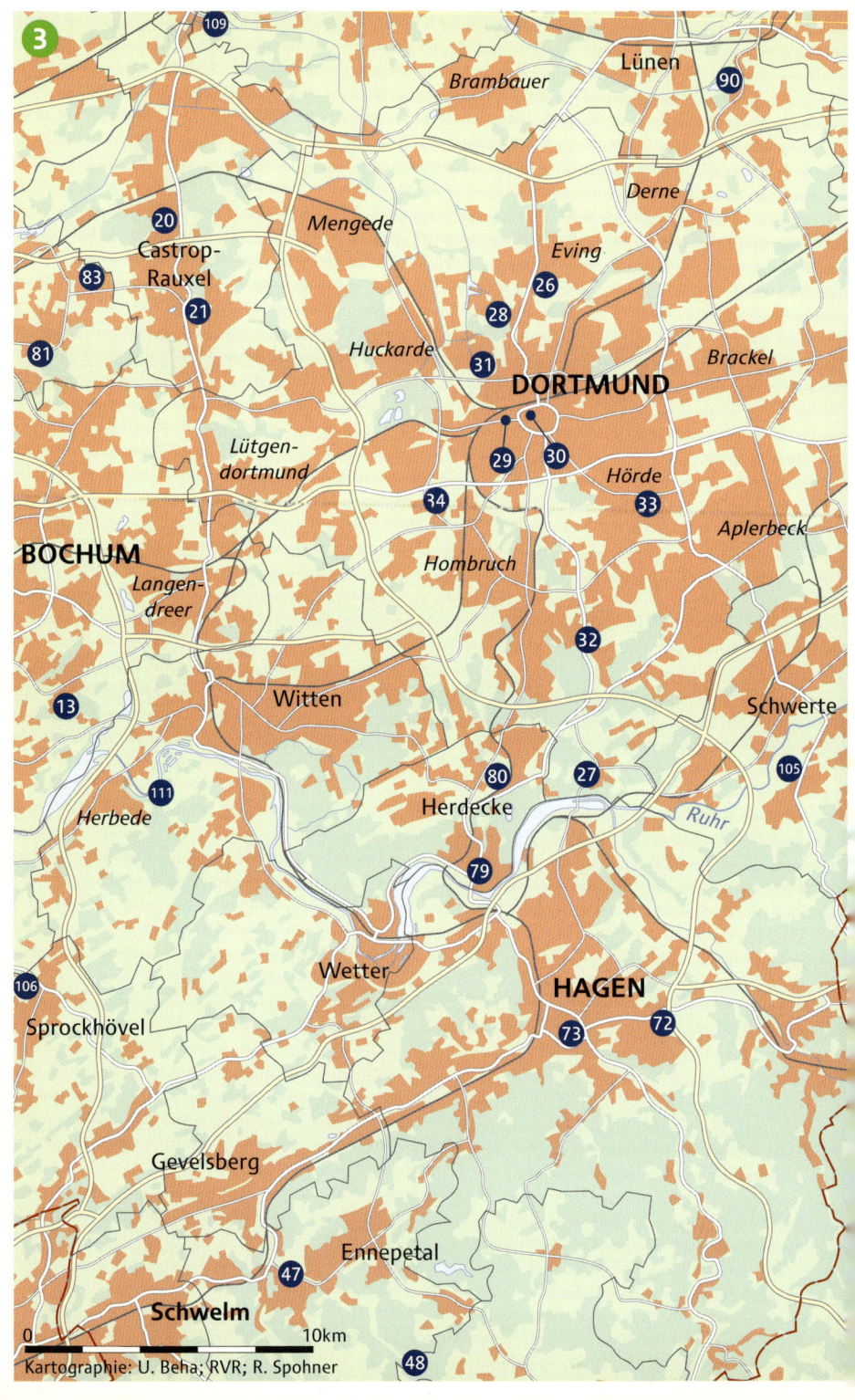

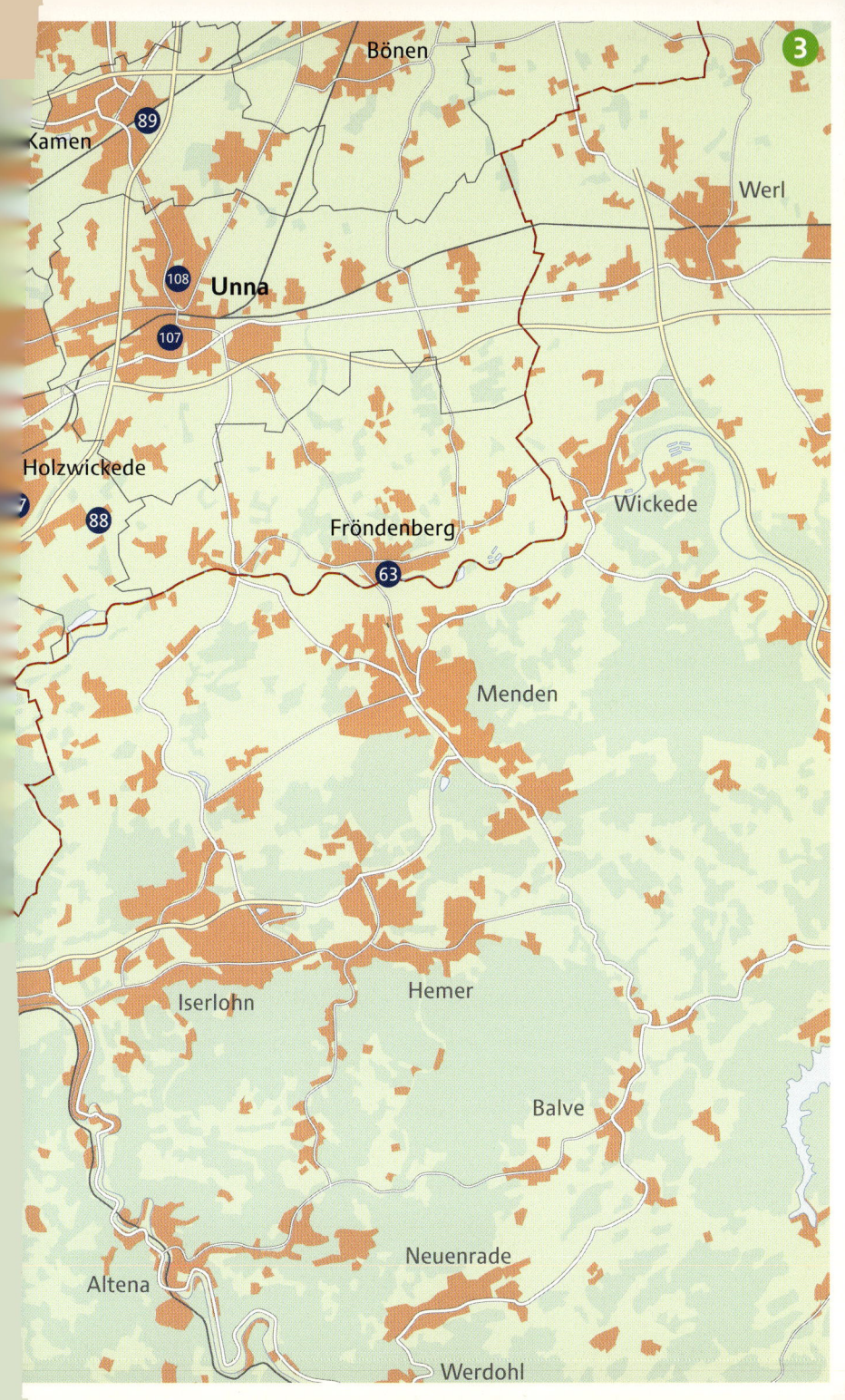

Dank

Ohne die Hilfe und tatkräftige Unterstützung von einigen ganz besonderen Menschen wäre dieses Buch nie zustande gekommen. Mein Dank gilt meinen Geschwistern Julia und Christian, Dirk, dem das Projekt sehr am Herzen lag, Tanja und Lilly, meinen Eltern und Sarah für die gefühlte Ewigkeit.

Ein großes Dankeschön geht auch an Dominic und Dominik für die Unterstützung aus Köln, an Christian ausm Tal für die Lektüre, an die Enkelin des Puppenspielers und an all meine Freunde, die die lange Abstinenz von mir ausgehalten haben.

Bedanken möchte ich mich auch bei allen Ansprechpartnern der Heimatvereine, Kommunen, Städte, der Emschergenossenschaft, der beiden Landschaftsverbände LVR und LWL und alle involvierten Privatpersonen und Behörden für ihre Hilfsbereitschaft.

Ein besonderer Dank geht an die Familie Krenzer für ihre Gastfreundschaft, die Sportfreunde Katernberg, die Bergmänner von Graf Wittekind und an meine drei Skater Fabian, Henry und Leon.

 *Der Autor*

Fabian Pasalk, geboren 1977 in Essen. Dort verbrachte er die ersten 20 Jahre seines Lebens. Seit seinem Studium lebt er im rheinländischen Köln. Seine freiberufliche Tätigkeit lässt ihn nun durch die Lande Nordrhein-Westfalens reisen. Das Ruhrgebiet kennt er daher wie seine Westentasche.